AF385217

Edition de la « Grande Revue »

HISTOIRE

DE

L'ARBITRAGE INTERNATIONAL

PERMANENT

PAR

B. SAX

Prix : 1 franc

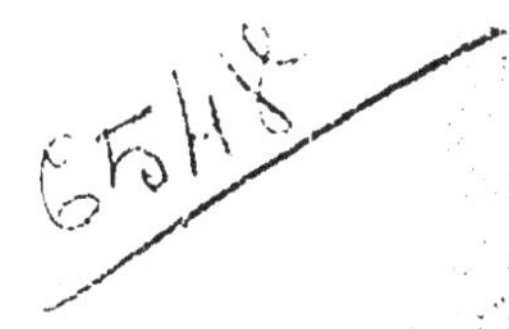

PARIS

DUJARRIC et Cⁱᵉ, ÉDITEURS

50, RUE DES SAINTS-PÈRES, 50

1903

BERNE : LIGUE INTERNATIONALE DE LA PAIX ET DE LA LIBERTÉ

HISTOIRE

DE

L'ARBITRAGE INTERNATIONAL

PERMANENT

HISTOIRE

DE

L'ARBITRAGE INTERNATIONAL

PERMANENT

Les tentatives faites pour régler au moyen de l'arbitrage, et de l'arbitrage permanent ou obligatoire, les différends qui peuvent surgir entre nations, remontent, comme on le verra plus loin, à une assez haute antiquité. Ce n'est cependant que dans des temps tout à fait récents, vers le dernier quart du dix-neuvième siècle, que l'arbitrage permanent a vu naître sa doctrine, ses déclarations de principes et les formules des traités internationaux indispensables à sa mise en pratique. Il est donc permis de dire que l'arbitrage permanent a déjà son histoire : histoire qui n'embrasse réellement qu'une trentaine d'années, mais qui n'en est pas moins digne d'intérêt : un coup d'œil jeté sur ce passé tout récent permettra à chacun de se rendre compte, et des efforts qui ont été faits, et des résultats obtenus, et des espérances qu'il est légitime de concevoir aujourd'hui.

Pour donner plus de netteté à l'exposé qui va suivre, il est bon de définir d'abord ce qu'on entend par arbitrage permanent. Nous empruntons à *L'Organisation de la Paix*, de M. Émile Arnaud, la définition suivante :

« *L'Arbitrage international* est une juridiction volontaire par laquelle des nations soumettent un différend existant entre elles à des particuliers de leur choix, qu'elles prennent pour juges. (Les arbitres choisis peuvent être des gouvernants, mais alors ils agissent à titre particulier et non en tant que gouvernants.)

« *L'Arbitrage international* devient *permanent* entre deux ou plusieurs nations, lorsque ces nations se sont engagées à soumettre à l'arbitrage *tous les différends* pouvant survenir entre elles [1]. »

« Du haut de son tribunal, écrivait Kant, en 1795, dans son *Essai philosophique sur la paix perpétuelle* [2], la raison, législatrice suprême, condamne absolument la guerre comme voie de droit; elle fait de l'état de paix un devoir immédiat, et comme cet état de paix ne saurait être fondé ni garanti sans un pacte entre les peuples, il en résulte pour eux le devoir de former une alliance d'une espèce particulière, qu'on pourrait appeler *Alliance pacifique* (*fœdus pacificum*), différant du *traité de paix* (*pactum pacis*), en ce qu'une telle alliance terminerait à jamais toutes les guerres, tandis que le traité de paix ne met fin qu'à une seule. Cette alliance n'établirait aucune domination d'État à État; son seul effet serait de garantir la liberté de chaque État particulier qui participerait à l'association, sans que ces États eussent besoin de s'assujettir, comme les hommes qui sortent de l'état de nature, à la contrainte légale d'un pouvoir public. »

« Qu'est-ce que cette *alliance pacifique particulière*, *qui n'établit aucune domination d'État à État*, mais qui cependant, peu à peu, doit s'étendre et rassembler les peuples en un commun état de droit ? N'est-ce pas, en substance, — demande M. Michel Revon [3], — le principe même du traité d'arbitrage permanent ? »

« Nous répondons avec le jeune et savant auteur: absolument ! Comme le dit la résolution du 23ᵉ Congrès de la Ligue internationale de la Paix et de la Liberté (Paris, 1ᵉʳ juillet 1889), le traité d'arbitrage permanent doit contenir la reconnaissance, « la garantie préalable et réciproque de la plénitude de l'autonomie et de la souveraineté des peuples contractants ». De plus, un tel traité, comme l'a écrit Charles Lemonnier, « n'est point un traité d'alliance offensive ni même défensive, il n'oblige les parties à aucun armement ni même à aucun désarmement ; il n'établit entre les signataires d'autre

---

1. Emile Arnaud, *L'Organisation de la Paix*, p. 24, note. Paris, 1899.
2. Voir l'édition de Charles Lemonnier, 1880, Paris, Fischbacher, p. 21.
3. *L'Arbitrage international*, p. 270, Arthur Rousseau, éditeur.

engagement que celui de faire régler par les arbitres de leur choix tous les différends qui pourraient naître pendant sa durée. »

« C'est la substitution entre les peuples contractants, pour un temps donné, d'un lien de droit, d'un état juridique, à l'état de guerre ou de trêve armée, à l'état d'anarchie qui les régissait précédemment [1] »

Il est évident, par les définitions mêmes qui ont été données, que des traités du genre de ceux que nous visons, n'avaient pas de place aux époques où les haines internationales et la passion de la guerre régnaient en souveraines. Il est cependant curieux de retrouver dans une haute antiquité des tentatives tendant à établir, entre certaines nations, le régime juridique de l'arbitrage permanent.

C'est ainsi que le premier des historiens de l'Hellade nous apprend ce fait curieux : Artapherne, gouverneur de Sardes, força les Ioniens ou Grecs d'Asie Mineure, soumis par les Perses, à faire des traités entre eux pour régler à l'avenir leurs différends par des procédés juridiques, de manière à faire cesser le régime de violences et de rapines que, jusqu'alors, ils avaient pratiqué entre eux [2].

Les Grecs d'Europe ont d'ailleurs, connu l'arbitrage permanent, sans qu'il leur ait été imposé par une puissance étrangère. M. Edouard Langlade, dans sa thèse de doctorat en droit, intitulée *De la Clause compromissoire et des Traités d'Arbitrage permanent*, emprunte sur ce sujet à Thucydide la clause finale d'un traité conclu pour cinquante ans entre Argos et Lacédémone, et soumettant à l'arbitrage d'une ville neutre les conflits qui pourraient s'élever entre les deux contractants. Voici le texte de cette clause intéressante :

« S'il s'élève un différend entre quelques-unes des villes du Péloponnèse ou du dehors, soit pour des frontières, soit pour quelque autre objet, il y aura arbitrage. Si, parmi les villes alliées, il en est qui ne peuvent s'entendre, la contestation sera portée devant une troisième ville neutre et choisie comme telle d'un commun accord [3]. »

1. Emile Arnaud, *Les Traités d'Arbitrage permanent entre Peuples*, 1895, p. 5.
2. Hérodote, *Histoire IV*, 42.
3. Thucydide, *Histoire de la Guerre du Péloponnèse*, V, 79.

Ce texte est d'autant plus remarquable que les stipulations en sont absolues : la clause du traité est aussi générale que possible ; elle embrasse tous les cas, sans admettre d'exceptions ; bien plus, elle spécifie, en premier lieu, le cas des contestations sur les questions de frontières, et soumet ainsi à l'arbitrage obligatoire des différends que tant d'hommes politiques de nos jours craignent encore de voir trancher, même par un arbitrage spécial et occasionnel. Et c'est Sparte, c'est-à-dire l'Etat le plus essentiellement militaire de la Grèce ancienne, qui signe un pareil traité.

Ce n'est pas le seul, du reste. En 411 avant J.-C., Sparte signe avec Athènes, alors dirigée par Périclès, une trève de trente ans, qui stipule que les conflits futurs seront soumis à l'arbitrage. Puis, c'est encore entre deux villes grecques, Hierapytna et Priansos, qu'un traité vient stipuler « qu'à l'égard des injures qui se commettront désormais, on emploiera des avocats, selon l'ordre prescrit dans l'édit public ».

Sans doute, ces diverses conventions ne sont signées qu'entre Grecs : le monde extérieur à l'Hellade était exclu. La Grèce, évidemment, ne pouvait songer alors à signer de pareils traités avec les *barbares*, qu'elle regardait comme ses esclaves naturels. L'arbitrage ne pouvait donc, à leurs yeux, s'étendre qu'à un cercle étroit ; mais enfin, c'était bien là de l'arbitrage, et de l'arbitrage permanent. De même, les conseils des Amphictyons peuvent être considérés, jusqu'à un certain point, comme une sorte de tribunal et de pouvoir exécutif chargé, à de certains moments, de juger arbitralement entre nations grecques, et de sanctionner les décisions prises.

Rome ne vivait que par la guerre : aussi, est-ce en vain que l'on chercherait dans son histoire des traités d'arbitrage, simple ou permanent, dont le principe eût été en contradiction formelle avec l'existence même de la ville aux sept collines. Il nous faut franchir des siècles pour retrouver des dispositions d'arbitrage permanent dans les traités conclus, au moyen âge, entre les petits Etats d'Italie, des Flandres, de Suisse ou d'Allemagne.

M. Langlade cite, à ce sujet, un traité d'alliance offensive et défensive, conclu en 1238, entre Venise et Gênes qui renferme ce passage :

« S'il surgissait entre lesdites cités un différend qui ne pût être facilement aplani par elles, il devra être tranché par l'arbitrage du souverain pontife. Et si l'une des parties contrevient au traité, nous consentons à ce que le Seigneur excommunie la cité contrevenante. »

Remarquons, ici encore, que la clause n'admet pas d'exceptions, et qu'elle contient une sanction, l'excommunication, qui, à cette époque, était chose grave. La même observation s'applique au traité d'alliance conclu en 1291, entre les cantons suisses d'Uri, de Schwytz et d'Unterwald :

« Si quelque discorde venait à s'émouvoir entre les confédérés, les plus prudents interviendront par arbitrage pour apaiser le différend selon qu'il leur paraîtra convenable et, si l'une ou l'autre des parties méprisait leur sentence, les autres confédérés se déclareraient contre elle. »

La sanction, sous ce traité, cesse d'être religieuse ; elle devient un acte d'exécution juridique proprement dite.

Ces dispositions si sages exercèrent la plus heureuse influence sur la constitution de la République suisse, qui leur devrait même son existence, pour nous servir de l'expression employée par M. Ruchonnet au Congrès de la paix de Berne, en 1892.

Vattel [1] ajoute que les Suisses prenaient, dans les traités signés entre eux ou avec des puissances autres, la précaution « de convenir d'avance de la manière en laquelle les différends devront être soumis à des arbitres, au cas qu'ils ne puissent s'ajuster à l'amiable ». Il affirme que cette mesure de sagesse ne contribua pas pour peu à assurer aux Suisses leur indépendance et le respect de l'Europe.

Nous avons un exemple de cette sagesse dans la clause suivante de la *Paix perpétuelle*, signée après la bataille de Marignan, le 29 novembre 1516, entre les cantons suisses et François Ier et que rapporte M. Mérignhac [2] :

« Les difficultés et contestations susceptibles de s'élever entre les sujets du Roi et les habitants des cantons suisses, seraient terminées par le jugement de quatre hommes de bien, dont deux nommés par chaque partie ; lesquels quatre

---

1. E. Langlade, *ibid*, p. 33.
2. Mérignhac *Traité théorique et pratique de l'Arbitrage international*, p. 40.

arbitres écouteraient, en un lieu désigné, les parties ou leurs procureurs ; et, si les avis étaient partagés, le demandeur pourrait choisir dans les pays voisins un prud'homme déclaré non suspect et qui se réunirait aux arbitres pour décider la difficulté. Si la contestation était entre un sujet des cantons et ligues et le roi de France, les cantons examineraient la demande, et, s'ils la trouvaient fondée, ils l'appuieraient auprès du Roi, mais, si le Roi n'y satisfaisait pas, les plaignants pourraient appeler le Roi devant les arbitres, lesquels seraient pris parmi les juges du pays de Coire ou du Valais et non suspects aux parties ; et ce qui sera alors fait et conclu par lesdits juges, par sentence de justice ou amiablement, devra avoir lieu et être invariablement observé sans aucune révocation. »

La sanction manque, dans ce traité, mais nous y voyons apparaître la désignation d'un sur-arbitre.

On sait que la Hanse ou Ligue hanséatique, formée en 1210 entre Lübeck et Hambourg, englobant en 1360, cinquante-deux villes, et au xv⁰ siècle, quatre-vingts villes de la Baltique, du Rhin et de la Flandre, réglait, depuis 1418, par voie d'arbitrage, tous différends pouvant survenir entre les villes contractantes. Lübeck désignait quatre villes chargées de trancher les différends ; la sanction était l'excommunication des contrevenants. Chose curieuse, la Hanse, par une clause spéciale du traité de Calmar, de 1289, devenait arbitre pour tous les conflits qui pouvaient survenir entre deux royaumes scandinaves, ses anciens adversaires : la Norvège et le Danemark.

Mais les grandes monarchies se partagent de plus en plus généralement l'Europe ; devant ces États militaires, l'arbitrage disparaît. Henri IV et Sully, il est vrai, songeaient à la constitution d'une cour d'arbitrage de soixante membres, jugeant tous les conflits qui pourraient survenir entre les États de l'Europe reconstituée ; une force commune aurait été chargée d'exécuter les sentences. Ce projet, très avancé pour l'époque, périt avec Henri IV. A partir de ce moment, l'arbitrage n'existera plus que dans les projets des écrivains[1].

En 1622, Émeric de Lacroix, dit *Cruce*, dans son *Cinée d'État sur les occurrences de ce temps*, demande l'organisation

1. E. Langlade, *ibid, passim.*

d'un Congrès permanent d'arbitrage, qui se tiendrait à Venise, territoire *neutre et indifférent*, sous la présidence du pape et auquel seraient représentés tous les souverains et chefs d'Etat du monde. Puis l'abbé de Saint-Pierre, dans l'article 3 de son projet de paix perpétuelle, destiné exclusivement à la République chrétienne, propose le recours à la médiation pour la solution des conflits : « En cas que cette médiation n'ait pas de succès, ils sont convenus de s'en rapporter au jugement qui sera rendu par les plénipotentiaires des autres alliés. » L'article 4 prévoyait l'exécution contre les contrevenants. Voici Jean-Jacques Rousseau encore, avec un pouvoir législatif, un tribunal et un pouvoir coercitif européens. Nommons enfin Kant et Bentham, et la liste sera à peu près épuisée.

Tous ces louables efforts n'aboutirent point. Arrivons au xixe siècle, où nous verrons un immense effort en faveur de la paix et de l'arbitrage permanent aboutir à de véritables résultats pleins de promesses pour l'avenir. Nous ne suivrons pas, dans tous ses détails, le mouvement de propagande qui a amené ces heureux effets ; nous devrions, dans ce cas, faire l'histoire de toute l'agitation pacifique au xixe siècle. Nous nous bornerons à analyser les efforts faits en faveur de l'arbitrage permanent, depuis que cette propagande revêt une forme précise et à la conduire ainsi de ses origines jusqu'à nos jours.

Parmi les organisations qui ont le plus contribué à assurer la marche en avant, il convient de citer, en premier lieu, la Ligue internationale de la Paix et de la Liberté, fondée à Genève, en 1867, par Garibaldi, Victor Hugo, Charles Lemonnier, etc. Ce dernier, à l'Assemblée générale de la Ligue, le 8 septembre 1873, déposa le premier projet de traité d'arbitrage permanent, en réponse à la question suivante du programme :

Rechercher les moyens pratiques les plus propres à introduire immédiatement entre les peuples l'usage de l'arbitrage ; spécialement, tracer les règles de la procédure à suivre en pareil cas.

A ce moment même s'était produit en Angleterre un fait important. Sur la proposition de M. Henry Richard, la

Chambre des Communes avait adopté, dans sa séance du 8 juillet 1873, la proposition « qu'une humble adresse fût présentée à Sa Majesté la Reine d'Angleterre, pour la prier de daigner charger son Secrétaire général aux Affaires étrangères de se mettre en rapport avec les autres puissances, dans le but de provoquer le développement progressif des lois internationales, et d'en arriver à l'établissement général et constant d'un arbitrage international ». C'était accepter l'arbitrage permanent sous sa forme la plus étendue.

Le projet de M. Lemonnier, intitulé : *Projet d'un Traité d'arbitrage entre la France et l'Angleterre*, avait douze articles. L'article 4 était ainsi conçu :

« En l'absence d'une loi internationale positive, les arbitres prononceront selon les lumières de leur conscience et de leur raison, en tenant compte des traités intervenus entre les parties, et en prenant pour règle ce principe, que les parties consacrent et reconnaissent expressément, que les peuples sont égaux entre eux, et ont, de peuple à peuple, les mêmes droits et les mêmes devoirs que les individus. »

L'année suivante, à l'Assemblée générale de la Ligue internationale de la Paix et de la Liberté, M. Lemonnier proposa une modification de cet article, qui fut adoptée.

« Le nouvel article 4, dit M. Emile Arnaud [1], a eu pour but de fixer définitivement entre les signataires les principes régulateurs sur lesquels la sentence des arbitres doit s'appuyer, comme les arbitres de l'*Alabama* durent dans leur décision, s'inspirer des *trois règles* du traité de Washington. Ces principes, qui deviendraient ainsi une loi positive entre les contractants, ont été empruntés, tant au Code civil français, — qui les tenait du *Traité des Obligations* de Pothier, inspiré lui-même de la sagesse des grands jurisconsultes romains — qu'au livre de M. Dudley Field : *Draft outlines of an international Code*, qu'aux résolutions votées par la Ligue internationale de la Paix et de la Liberté dans ses diverses assemblées, enfin, qu'à l'étude de M. Ch. Lucas sur les travaux de la Conférence de Bruxelles. »

Remarquons ici, qu'avant de se séparer, l'Assemblée de la Ligue, de 1873, vota la résolution dont la teneur suit :

1. *Les Traités d'Arbitrage permanent entre Peuples*, page 6.

« L'Assemblée déclare qu'en l'état présent de l'Europe, la voie de simples traités à intervenir entre deux ou plusieurs gouvernements lui paraît l'un des moyens les plus efficaces pour introduire l'usage de l'arbitrage parmi les peuples. »

Voici maintenant le texte complet de la formule de traité présentée par M. Charles Lemonnier, et adoptée par l'Assemblée générale de la Ligue, en 1874 :

Article Premier. — Les deux parties contractantes s'engagent à soumettre au tribunal arbitral, dont la constitution, la juridiction et la compétence seront fixées plus bas, tous les différends et toutes les difficultés qui pourront naître entre les deux peuples pendant la durée du présent traité, quels que puissent être la cause, la nature et l'objet de ces difficultés. Les deux nations renonçant de la façon la plus absolue, sans aucune exception, restriction ni réserve, à user, l'une vis-à-vis de l'autre, directement ni indirectement, d'aucun moyen ni procédé de guerre.

Art. 2. — Tout différend né ou à naître entre les deux peuples sera soumis à un tribunal composé de trois personnes, lequel jugera sans appel et en dernier ressort.

La partie la plus diligente, en requérant de l'autre la constitution du tribunal arbitral, lui fera connaître l'arbitre choisi par elle, et celle-ci devra répondre dans la quinzaine de la notification à elle faite, par la désignation d'un autre arbitre. Dans le mois qui suivra cette désignation, les deux arbitres en nommeront un troisième.

Art. 3. — Le compromis qui, dans le mois de l'acceptation du troisième arbitre, constatera, par écrit, la constitution du tribunal, déterminera la mission des arbitres, en fixant l'objet du litige, les prétentions respectives des parties et le lieu de la réunion du tribunal. Ce compromis sera signé par les représentants des parties et par les arbitres.

Art. 4. — En l'absence d'une loi internationale positive qui les régisse, les parties contractantes conviennent expressément que, dans tous les cas qui pourront leur être déférés par elles, les arbitres consulteront et appliqueront les règles et les principes qui suivent, auxquels les parties entendent donner entre elles force de loi :

I. Les peuples sont égaux entre eux, sans égard à la superficie des territoires, non plus qu'à la densité des populations.

II. Les peuples s'appartiennent à eux-mêmes ; ils sont responsables les uns envers les autres, tant de leurs propres actes que des actes des sujets ou citoyens qui les composent ainsi que des actes de leurs gouvernements.

III. Le droit des peuples à s'appartenir et à se gouverner eux-mêmes est inaliénable et imprescriptible.

IV. Nul individu, nul gouvernement, nul peuple ne peut légitimement, ni sous aucun prétexte, disposer d'un autre peuple par annexion, par conquête, ni de quelque autre façon que ce soit.

V. Quatre conditions sont requises pour la validité de toute convention et de tout traité entre peuples :

La capacité de contracter chez l'une et l'autre partie ;

Le libre consentement de l'une et de l'autre ;

Un objet certain qui forme la matière de l'engagement ;

Une cause licite, c'est-à-dire qui ne blesse ni l'ordre public ni les bonnes mœurs.

VI. Est nul comme contraire à l'ordre public et aux bonnes mœurs toute clause, convention ou traité ayant pour objet :

Toute atteinte à l'autonomie d'un ou de plusieurs peuples, ou individus ;

Toute guerre autre qu'une guerre défensive ;

La conquête de tout ou partie d'un territoire occupé ;

Toute invasion, occupation, annexion, démembrement, cession ou acquisition, à quelque titre et de quelque façon que ce soit, de tout ou partie d'un territoire occupé par un peuple ou par une population quelconque, qui n'a pas été, au préalable, consentie par les habitants.

VII. Tout peuple envahi a le droit, pour repousser l'invasion, d'user de toutes les ressources de son territoire et de toutes les forces collectives et individuelles de ses habitants ; ce droit n'est subordonné, dans son exercice, à aucune condition, soit de signe extérieur, soit d'organisation militaire.

VIII. La guerre devient coupable du moment qu'elle passe de la défensive à l'offensive pour entrer dans la voie illicite de l'invasion et de la conquête.

En outre et selon la spécialité des cas litigieux soumis aux arbitres, le compromis qui devra, aux termes de l'art. 3, constater la constitution du tribunal et fixer l'objet du litige, devra, s'il y échet, déterminer les règles particulières qui devront, comme les règles générales énoncées ci-dessus, servir de loi aux arbitres.

S'il arrive que, dans l'application, les dispositions du présent article offrent quelque obscurité, quelque omission, quelque lacune, les arbitres devront y suppléer par les lumières de leur conscience et de leur raison, sans pouvoir, en aucun cas, s'abstenir de juger, ni déroger aux principes édictés par ledit article.

Art. 5. — Le compromis fixera la durée des pouvoirs des arbitres. Ces pouvoirs pourront toujours être prorogés du consentement des parties. S'il arrivait que le traité prît fin avant l'expiration des pouvoirs conférés aux arbitres par le dernier compromis passé entre les parties, ces pouvoirs n'en seraient ni détruits, ni affaiblis, ni diminués en quoi que ce soit.

Art. 6. — Les arbitres régleront eux-mêmes leur procédure, fixeront les délais et régleront la forme en laquelle les parties devront produire devant eux leurs demandes, requêtes, conclusions et défenses.

Art. 7. — Les arbitres useront, pour éclairer leur justice, de tous les moyens d'information qu'ils jugeront nécessaires : enquêtes, expertises, production de pièces, avec ou sans déplacement, compulsoires, transports de juges, commissions rogatoires, etc., chaque partie s'obligeant à mettre à leur disposition tous les moyens, ressources et facilités nécessaires.

Art. 8. — Les arbitres jugeront sans appel et en dernier ressort. Leur sentence sera exécutoire, de plein droit, un mois après la notification qui en sera faite par leurs soins aux deux parties. Ils seront tenus de rendre cette sentence publique par la voie des journaux dans la huitaine de ladite notification.

Les arbitres fixeront eux-mêmes les salaires et émoluments des personnes qu'ils auront employées; ils régleront les frais faits par eux, en y comprenant leurs propres honoraires, et détermineront par la sentence la proportion dans laquelle ces frais et honoraires devront être supportés par les parties.

Art. 9. — La sentence arbitrale ne pourra être annulée que dans les cas et pour les causes suivants :

Si les arbitres ont prononcé sur choses non demandées ;

Si la sentence a été rendue sur compromis nul ou expiré;

Si les formes et délais prescrits par le présent traité n'ont pas été observés.

L'un de ces cas échéant, celle des parties qui voudra se pourvoir en nullité de la sentence devra le faire, à peine de forclusion, dans le mois de la notification de la sentence. Elle devra, par le même acte, désigner un arbitre, et la procédure de la demande en nullité devra être poursuivie par voie d'arbitrage, et conformément aux règles établies ci-dessus.

Art. 10. — Les arbitres saisis d'une demande en nullité d'une sentence rendue ne devront statuer que sur la question de nullité; leur sentence ne pourra être attaquée ni par voie d'appel, ni par aucune autre voie, elle sera souveraine et définitive. S'ils annulent la sentence à eux déférée, un nouveau tribunal arbitral sera formé pour instruire et statuer selon les règles tracées par les articles 2, 3, 4, 5, 6, 7 et 8 qui précèdent.

Si la sentence arguée de nullité est déclarée valable, elle sortira son plein et entier effet dans la quinzaine de la notification faite aux parties de la sentence qui en aura déclaré la validité.

Art. 11. — Le présent traité aura son plein et entier effet pendant trente années consécutives, à partir de la signature A moins que l'une des parties n'ait, six mois au moins avant son expiration, notifié par écrit son intention contraire, ledit traité continuera d'avoir effet entre les parties par voie de tacite reconduction, chaque partie gardant, d'ailleurs, la faculté d'y mettre fin après l'expiration des trente années ci-dessus indiquées, par une simple déclaration qui n'aura d'effet que six mois après sa notification, et ce, sans dérogation aux dispositions portées en l'article 5.

Art. 12. — Les deux parties engagent leur honneur à exécuter fidèlement et en toutes ses dispositions le traité qui précède.

M. Émile Arnaud fait remarquer, à juste titre, que c'est à cette formule de Charles Lemonnier qu'il faut encore et qu'il faudra vraisemblablement toujours revenir pour retrouver les véritables principes, les véritables règles de l'arbitrage international permanent. Peu d'objections sérieuses, en effet, ont été faites à cette formule. L'auteur cependant, en avait prévu lui-même, et, d'avance, avait ainsi répondu à l'une d'entre elles :

« Les traités d'arbitrage, tels que nous les concevons, pourraient, sans aucune difficulté, intervenir entre des nations soumises à des régimes politiques très différents, non seulement entre une république telle que les Etats-Unis d'Amérique, par exemple, et une monarchie parlementaire telle que l'Angleterre, mais entre deux pays de constitutions diverses : entre la Suède ou le Danemark et la Suisse, entre l'empire d'Allemagne et la république suisse. Il pourra se faire cependant que plusieurs des principes que notre projet érige en loi conventionnelle, la disposition, par exemple, qui porte que les peuples ont le droit inaliénable et imprescriptible de se gouverner eux-mêmes, vinssent contrecarrer les principes politiques de l'une des parties contractantes. Si ce cas se présentait, il serait aisé de lever l'obstacle en effaçant simplement la clause qui ferait difficulté. Que si l'on nous demande pourquoi, prévoyant la possibilité d'une telle difficulté, nous avons laissé dans la formule des dispositions qui peuvent la faire naître, notre réponse sera très simple. Ayant à rédiger une formule générale, nous avons voulu qu'elle fût complète et qu'elle embrassât les principes fondamentaux du droit des gens. Elle n'eût point satisfait à cette condition si elle eût omis quelqu'un des principes auxquels nous faisons allusion, et notamment celui que nous avons pris pour exemple, et en dehors duquel, pour dire toute notre pensée, nous ne croyons point que la paix puisse s'établir d'une façon solide. »

Restait une deuxième objection, infiniment plus grave, parce qu'elle ne visait pas spécialement la formule du traité. Elle servait depuis longtemps d'argument aux adversaires de l'arbitrage et constituait véritablement leur cheval de bataille : « On peut même dire, écrit M. Emile Arnaud, le seul de leurs arguments auquel il n'ait pas été jusqu'ici victorieusement répondu. »

Cette objection, qui tend à réduire l'arbitrage à l'absurde, en démontrant qu'il ne résout rien et ne peut rien résoudre, parce qu'il peut n'être pas susceptible d'exécution, d'effets pratiques, la voici :

— Comment sera sanctionnée la sentence des arbitres ?

« Les deux parties engagent leur honneur » n'était assurément pas une réponse suffisante. Les partisans de l'arbitrage faisaient observer que jamais aucune nation ayant souscrit à un arbitrage n'avait refusé l'exécution de la sentence; qu'aucune puissance ne pouvait ainsi trahir la parole donnée, violer l'engagement d'honneur, et que le passé répondait de l'avenir.

« Cette observation, basée sur les faits, poursuit M. Arnaud, était historique, mais n'avait rien de juridique; l'objection subsistait toujours. Charles Lemonnier travailla longtemps à la vaincre; son esprit lumineux voyait bien la solution, mais il la trouvait hardie et il hésitait à la publier. Ce fut seulement en 1890, quand il l'eut longuement discutée et serrée de très près avec M. de Montluc et avec nous, qu'il se décida à soumettre la question au vingt-quatrième Congrès de la Ligue internationale de la Paix et de la Liberté qui se tint le 31 août de cette année-là à Grenoble, et à lui proposer la résolution suivante, que nous nous chargeâmes de soutenir et qui fut votée à l'unanimité :

L'Assemblée,

Déclare qu'en aucun cas les mesures prises pour ramener à exécution une sentence arbitrale ne peuvent avoir le caractère d'actes de guerre, ni être réputés tels, qu'elles soient ou non appuyées sur la force ;

Emet l'avis que, sans déroger au principe indiscutable de leur autonomie, les nations signataires d'un traité d'arbitrage peuvent juridiquement, par une disposition spéciale du compromis, autoriser les arbitres à sanctionner leur sentence.

Voici comment le Comité central de la Ligue motivait ce projet de résolution, dans son rapport :

« Sans doute, quand la pacification universelle sera plus avancée, lorsque des Fédérations de peuples analogues à celles qui fonctionnent déjà si régulièrement en Suisse et en Amérique pourront s'établir en Europe, on verra se former dans ces Fédérations des juridictions dont les arrêts seront sanctionnés et ramenés à exécution par un Pouvoir exécutif fédéral; mais, en attendant, quel sera ce Pouvoir exécutif? Nous avons la conviction qu'au fur et à mesure du développement de la conscience juridique chez chaque citoyen de l'humanité, l'opinion publique acquerra une force morale de plus en plus grande qui finira par devenir elle-même une sanction suffisante capable de suppléer toute autorité exécutive; mais aujourd'hui comment créer un Pouvoir et une Force sans confondre les pouvoirs, sans altérer d'une manière fâcheuse la fonction arbitrale? sans risquer de compromettre par trop de hâte un progrès commencé?

« Cependant, si, en raison de l'état actuel des esprits, il était possible de faire disparaître ce que l'on considère généralement comme une lacune, c'est-à-dire si la formule d'un traité d'arbitrage permanent entre peuples pouvait être perfectionnée de façon à ce que le régime créé par elle devînt une juridiction complète portant avec elle la Loi qu'elle doit appliquer, les juges compétents pour appliquer cette Loi, et jusqu'aux moyens d'exécution des sentences rendues, nous aurions fait disparaître la grande objection opposée à l'emploi immédiat des traités d'arbitrage permanent entre nations.

« Il y aurait, nous le savons, confusion en la personne des arbitres du pouvoir judiciaire, puisqu'ils prononceraient des condamnations, du pouvoir exécutif, puisqu'ils fixeraient les moyens de ramener la condamnation à exécution; mais, sans compter que cette confusion de pouvoirs serait voulue, consentie, acceptée par les parties signataires du traité et du compromis, et que les conventions tiennent lieu de loi aux parties qui les ont faites, les mêmes signataires pourraient déterminer d'avance, toujours dans le compromis, sous forme réglementaire, les modes d'exécution entre lesquels les arbitres seraient obligés de faire et d'arrêter leur choix.

« En aucun cas, nous le répétons, des actes d'exécution juridique ne sont des actes de guerre. Nous croyons même qu'un des travaux les plus urgents à faire par les Sociétés de la paix, par le Congrès Universel de la paix et par la Conférence interparlementaire, ce serait un règlement général des moyens d'exécution juridique entre peuples, qui pourrait être annexé à chaque traité d'arbitrage permanent.

« Nous croyons volontiers avec les rédacteurs des projets de traités d'arbitrage permanent dont nous avons rappelé le texte, que l'usage international fera par un sentiment d'honneur prévaloir l'exécution volontaire et libre; mais nous avons tenu à montrer que, dans aucun cas, le reproche que l'on fait au nouveau contrat de ne pouvoir donner aucune sanction matérielle à la juridiction internationale qui l'institue n'est fondé, puisqu'il suffirait d'introduire une clause dans le compromis pour faire disparaître juridiquement ce qu'on a voulu appeler une lacune forcée. »

« Après une discussion longue et importante, ajoute M. Émile Arnaud, qui eut avec lui, dans cette lutte, Louis Ruchonnet, Mlle Julie Toussaint ; MM. Élie Ducommun, Léon de Montluc, Henri La Fontaine, etc., le Congrès universel de la Paix, réuni à Berne du 22 au 26 août 1892, sous la présidence de notre illustre ami regretté Louis Ruchonnet, a confirmé la résolution du Congrès de Grenoble, en émettant toutefois l'avis que les sentences arbitrales ne soient jamais sanctionnées par des mesures d'exécution qui, de quelque manière que ce soit, puissent conduire à la guerre ou à la destruction de vies humaines ou de propriétés publiques ou privées. C'est cette restriction que le Congrès d'Anvers a respectée par l'expression : *Traité d'arbitrage permanent à sanctions pacifiques définies.* »

À ce 6e Congrès international de la Paix, tenu à Anvers en 1894, M. le docteur Clark, membre de la Chambre des Communes, demanda qu'il fût déclaré que le Congrès n'admettait d'autre force, pour sanctionner les sentences arbitrales, que la force morale. Il fut appuyé, dans cette opinion, par MM. Trueblood et Darby. M. Arnaud, s'en référant à la discussion qui s'était produite, sur la question de la sanction des sentences arbitrales au Congrès de Berne de 1892, démontra que le texte proposé actuellement ne pouvait différer, par le sens, des conclusions adoptées à Berne. M. Clark exprima alors la crainte de voir une sanction quelconque, ajoutée au traité d'arbitrage, rendre ce traité inacceptable, parce qu'aucun traité jusqu'alors signé n'avait rien contenu de pareil. Après une courte discussion sur la position de la question, le Congrès déclara, par 34 voix contre 12, que les résolutions du Congrès de Berne étaient maintenues. Puis le Congrès, à l'unanimité moins trois voix, se prononça, comme nous l'avons dit plus haut, en faveur des *sanctions pacifiques définies*.

M. Emile Arnaud, dans son étude sur l'*Arbitrage permanent*, ajoute ici :

« Nous considérons, quant à nous, — d'accord en cela avec Charles Lemonnier, et ainsi que nous l'avons soutenu au Congrès de Berne, que dans la justice entre nations, comme pour la justice entre les individus, les actes d'exécution ne sont pas des actes de guerre, mais sont toujours des actes juridiques, qu'ils soient ou non appuyés sur la force.

« Aussi proposons-nous d'ajouter à l'article 12 de la formule théorique, comme second paragraphe, la clause ci-après que nous avons insérée pour la première fois dans le projet de traité entre la République Française et la République des Etats-Unis d'Amérique, remis par nous au Président Carnot, en juillet 1893. »

ART. 12 (*suite*). — Les Parties pourront, par une clause spéciale du compromis, donner aux arbitres le pouvoir et les moyens de sanctionner leur sentence.

A une époque toute récente, MM. Bridgman et Brandt ont essayé de résoudre la difficulté, le premier en instituant un gouvernement mondial ; le second, en créant un pouvoir exécutif des Etats-Unis d'Europe, destiné à se transformer progressivement en pouvoir exécutif universel. C'est là la solution absolue, complète, définitive du problème, dans un lointain avenir ; c'est une solution idéale, corollaire d'une organisation nouvelle à créer. Cette solution n'est pas autre chose, d'ailleurs, que ce que M. Arnaud [1] appelle le régime pacifique, régime qui comporte : « organisation politique du monde consacrant l'indigénat mondial avec pouvoir législatif spécial, pouvoir judiciaire international, pouvoir exécutif en dehors et au-dessus des pouvoirs de chaque Etat ; en un mot, fédération avec tous ses avantages et toutes ses conséquences. »

En attendant, et pour rester sur le terrain immédiatement

____

1. *Organisation de la Paix*, pages 12 et 13.

pratique, on doit faire remarquer que l'attribution de la sanction aux arbitres, par les parties, est une solution possible, légale, juridique. N'est-ce pas un principe de droit universellement reconnu, que *les conventions font loi entre les parties?*

Le cas s'est déjà présenté du reste : le mot de sanction n'était pas prononcé, il est vrai, mais les arbitres n'en avaient pas moins le pouvoir de sanctionner leur décision. Nous voulons parler du fait si ingénieusement signalé et exposé par M. H. La Fontaine, sénateur de Belgique, auteur de la *Pacicrisie* et de l'*Histoire sommaire et chronologique des arbitrages internationaux.* L'éminent jurisconsulte belge a fait remarquer, en effet, que, lorsque les commissaires-arbitres sont, de par le compromis d'arbitrage, rendus dépositaires des fonds qui forment l'objet du litige, avec obligation de remettre ces fonds à la partie en faveur de laquelle ils rendront leur jugement, ils sont bien chargés de la sanction; ils exercent bien les deux pouvoirs judiciaire et exécutif, et cela, avec de sérieux avantages et sans nul inconvénient.

De cet ensemble d'arguments, il résulte bien qu'il existe déjà, de par la volonté des parties, un mode de sanction de l'arbitrage international. Mais ce mode est accidentel : il peut se produire ou ne se produire point. On a donc cherché à organiser, une fois pour toutes, la sanction à donner aux jugements des arbitres, selon le vœu autrefois émis par Charles Lemonnier. Après de longues discussions, on en arriva à un projet, qui fut élaboré par M. Léon de Montluc, avec le concours de MM. Emile Arnaud et Michel Revon, examiné par la Commission de Droit international que présidait M. Alexander et recommandé à la Commission juridique du Bureau de la Paix par un rapport de M. Nathan-Larrier qui :

« Constate qu'il existe dès à présent, grâce au projet de M. de Montluc, un système de sanctions propres à assurer, dans la plupart des cas, l'exécution des décisions arbitrales;

« Prie la Commission juridique de Droit international du Bureau de la Paix de procéder à l'élaboration de :

« 1° Un code des voies d'exécution en matière d'arbitrage;

« 2° Un projet de traité d'arbitrage permanent avec stipulation de mesures éventuelles garantissant l'exécution des sentences. »

Ces conclusions ont été adoptées à l'unanimité par le neuvième Congrès universel de la Paix, siégeant au Palais des Congrès, à Paris, en 1900.

Examinons rapidement les dispositions essentielles du projet de M. de Montluc.

Après avoir déclaré que « tout arbitrage international est susceptible de sanction juridique effective » et que « les Etats en cause pourront, soit organiser cette sanction dans le compromis, soit charger des préarbitres d'élaborer le mode de sanction à appliquer à la sentence à rendre par les arbitres », le projet admet que « le procédé des *astreintes* ou pénalités pécuniaires pour retard dans l'exécution de la sentence s'applique à tous les genres d'arbitrage international. Dans le compromis, il sera prévu que chaque partie pourra être condamnée à verser telle ou telle somme à titre de pénalité, par jour, semaine ou mois de retard à exécuter la sentence. » Le projet attache une très grande importance à ce système, étant donné le grand nombre des hypothèses auxquelles il pourrait s'appliquer. Il prévoit, de plus, qu'on pourra « convenir de modes spéciaux d'exécution suivant la nature des cas et selon la condition des parties en cause ».

Passons, maintenant, aux différents objets de litige.

« En matière d'extradition, on pourra convenir que l'individu réclamé sera préalablement remis à la disposition soit des arbitres, soit d'une tierce puissance, pour être après la sentence remis à celui des deux Etats litigants auquel la sentence aura donné gain de cause. » On procédera de la même façon en matière de prise maritime.

S'il s'agit de « réclamations pécuniaires, soit de particuliers à Etat, soit d'Etat à Etat, les arbitres feront déposer à l'avance des valeurs en garantie de l'exécution de la sentence ; comme ici la détermination du chiffre et de la nature du *déposit* pourra impliquer certaines difficultés, il sera expédient de constituer des préarbitres, dont la mission sera de rédiger le compromis : le compromis une fois achevé, les arbitres définitifs procéderont à l'examen de la cause ».

Le projet fait remarquer que ce genre de compromis se fût merveilleusement appliqué à l'affaire mexicaine, dans laquelle le banquier Jecker réclamait une somme que l'empereur Maximilieu lui-même reconnut être fabuleusement exagérée. Ajoutons que le même procédé aurait été appliqué avec avantage lors de la dernière contestation des puissances avec le Venezuela.

S'il s'agit de contesté de frontières maritimes, les côte, rive, île, baie, etc., objet de la contestation, pourront « être confiées provisoirement à la garde de la marine d'une tierce puissance. Dans ce cas, il pourra également être recouru au procédé de l'échange des gages, c'est-à-dire que la possession du contesté sera laissée à l'occupant, mais que chaque État litigant remettra la possession d'un équivalent au pouvoir d'une tierce puissance, désignée par les arbitres, jusqu'au prononcé de la décision, en garantie d'une fidèle et prompte exécution de la sentence.

Même procédé, lorsqu'il s'agira d'un territoire rural.

La puissance à la garde de laquelle on confiera le territoire contesté devra être « de préférence une puissance neutralisée, comme la Belgique ou la Suisse, ou d'une étendue modérée, comme la Hollande, le Portugal ».

Des employés nommés par le tribunal arbitral pourront être chargés de contrôler les douanes, octroi, péages, etc.

« Au cas de litige sur la possession d'un port de guerre ou d'une place-forte, dont la remise en mains tierces peut présenter des inconvénients militaires irréparables, on aura recours soit au procédé du dépôt d'une somme,... soit à la remise de gages, comme embouchures de cours d'eau, baies, anses, ports de commerce ou bandes de territoire. »

Le projet prévoit également la remise par les parties aux arbitres ou préarbitres, à titre de provision, de toute somme dont le procédé de sanction stipulé pourra occasionner le déboursé. Toutes sommes pourront être déposées, en garantie de l'exécution de la sentence à intervenir, à telle Banque ou tel Trésor public à désigner.

Ce sont là les données principales du projet de M. de Montluc.

Insistons, en quelques mots, sur le caractère pratique des dispositions du projet. L'auteur, en somme, a voulu établir, pour les États, quelque chose d'analogue à ce qui existe pour les particuliers. En constituant les arbitres en pouvoir exécutif, il ajoute le rouage qui manquait et assure à l'arbitrage international la sanction pratique indispensable.

Après cette digression nécessaire sur la sanction des traités d'arbitrage, revenons à l'exposé historique des efforts faits en faveur de ces traités.

A son treizième Congrès, tenu à Genève en 1879, la Ligue internationale de la Paix et de la Liberté vote, sur la *nécessité de traités d'arbitrages particuliers et permanents*, une résolution que nous reproduisons, en la faisant précéder de quelques-uns de ses considérants les plus caractéristiques :

    Considérant :

Qu'il ne faut point chercher ailleurs que dans ce déploiement monstrueux de forces destructives la cause de la misère qui accable, oppresse et démoralise les peuples ;

Que, théoriquement, l'opinion universelle est fixée sur le moyen de mettre fin à un état de choses justement qualifié d'anti-humain ;

Que le problème de la paix... est un problème de droit international ;

Considérant que de simples traités d'arbitrage par lesquels deux peuples s'engageraient, pour un temps déterminé, simplement à suivre par la voie juridique de l'arbitrage, et non par la guerre, toutes les difficultés qui pourraient survenir entre eux, paraissent le moyen le plus faible et le plus efficace d'atteindre le but poursuivi ;

    L'Assemblée :

Renouvelant et sanctionnant le vœu déjà émis en 1873 et en 1874 par la Ligue internationale de la paix et de la liberté :

Déclare, qu'en l'état présent de la politique européenne, le moyen le plus facile et le plus efficace de préparer la substitution d'un régime de justice et de paix au régime de trève armée, dans lequel tous les peuples d'Europe épuisent leurs forces matérielles, intellectuelles et morales, est la conclusion de traités par lesquels deux ou plusieurs nations s'engageraient pour un temps donné à renoncer les unes envers les autres à tout acte de guerre, et à résoudre par voie d'arbitrage toutes les difficultés qui pourraient survenir entre elles pendant la durée du traité ;

Invite, en conséquence, tous les peuples et tous les gouvernements d'Europe à négocier et à conclure de tels traités, soit entre eux, soit avec les Etats-Unis d'Amérique.

Au quinzième Congrès, à Genève, le 25 septembre 1881, nous relevons, dans le même ordre d'idées, le vote de la résolution suivante :

    La Ligue :

Approuve pleinement les démarches faites jusqu'ici par le Comité central en vue de préparer la négociation d'un traité d'arbitrage permanent entre la République Française et les Etats-Unis d'Amérique ; désire que le Comité continue ces démarches, et en tente de nouvelles aux mêmes fins, soit auprès de la République Française, soit auprès de tout autre gouvernement.

Au Congrès de 1882, nous relevons le vote d'une résolution renouvelant celle de l'année précédente.

En 1886, au vingtième Congrès, le Comité central présente une résolution qui n'est pas votée dans son ensemble, mais dont quelques considérants, que nous faisons suivre, présentent un intérêt tout particulier :

La Ligue :
Déclare qu'il est démontré par la raison, par l'expérience historique, par la science, que les peuples ne peuvent sortir de l'état de guerre où ils sont encore engagés que par l'institution d'une juridiction internationale ;
Qu'une telle juridiction implique : une loi internationale faite ou librement consentie par ceux qui doivent lui obéir ;
Un tribunal international librement élu par ses justiciables ;
Une force internationale qui sanctionne et assure l'exécution des arrêts rendus par ce tribunal.

On voit apparaître ici, avec une précision parfaite, l'organisation nécessaire, sous sa triple forme : législative, judiciaire et exécutive.

Cette résolution du Congrès avait été précédée d'une résolution votée par le Comité de Paris, deux mois plus tôt, le 2 juillet 1886. Le Comité de Paris exposait que le Tribunal international permanent dont l'établissement avait été porté par le Comité central à l'ordre du jour du Congrès impliquait une loi internationale, un tribunal élu par ses justiciables et, enfin, une force internationale sanctionnant l'exécution des arrêts rendus.

Les considérants d'une résolution votée, en 1887, par le vingt et unième Congrès, caractérisent l'état juridique désiré par quatre institutions :

1° Une convention fédérative qui garantit aux nations associées la souveraineté et l'autonomie de chacune ;
2° Une loi librement votée par toutes, selon laquelle soient jugés tous les différends, litiges, difficultés qui peuvent survenir entre elles ;
3° Un tribunal dont les membres, élus par ces nations, prononcent en dernier ressort sur ces différends, litiges et difficultés ;

4° Un pouvoir exécutif élu librement, aussi par toutes ces nations, chargé d'assurer l'exécution de la loi et des arrêts du tribunal.

Par une autre résolution :

L'Assemblée félicite la Workmen's peace Association de l'initiative qu'elle a prise en adressant au Président et au Congrès des Etats-Unis une pétition proposant la conclusion d'un traité d'arbitrage permanent entre les Etats-Unis d'Amérique et la Grande-Bretagne.

L'Assemblée a pleine confiance dans le succès de ce généreux effort; elle espère que les autres nations de l'Europe s'empresseront de suivre ce grand exemple.

L'année suivante devait voir naître une institution appelée à jouer un rôle prééminent, dans la propagande en faveur de l'arbitrage permanent. Laissons ici la parole à M. Emile Arnaud [1] :

« Le 31 octobre 1888, un certain nombre de membres du Parlement britannique et du Parlement français se rencontraient à Paris, dans le but « d'assurer le maintien des relations pacifiques entre la Grande-Bretagne, les Etats-Unis et la France, en travaillant *à la préparation de traités d'arbitrage entre ces trois nations,* pour la solution amiable des difficultés qui pourraient survenir entre elles. »

« Le 30 juin 1889, des représentants appartenant à onze Parlements, convoqués à l'Hôtel Continental de Paris par les promoteurs de la réunion de 1888, se constituèrent en Conférence interparlementaire et votèrent à l'unanimité la résolution suivante:

Les membres de la Conférence interparlementaire recommandent avec instance à tous les gouvernements civilisés la conclusion de traités par lesquels, sans porter atteinte à leur indépendance, et sans admettre aucune ingérence dans ce qui touche à leur constitution intérieure, ces gouvernements s'engageraient à soumettre à l'arbitrage le règlement de tous les différends qui peuvent survenir entre eux.

« Le lendemain 1er juillet 1889, dans son 23e Congrès, tenu à Paris, la *Ligue internationale de la Paix et de la Liberté* qui, depuis 1873, affirme la nécessité de Traités d'arbitrage permanent entre les peuples et en étudie la formule, adoptait également à l'unanimité la résolution que voici :

1 . *Les Traités d'Arbitrage permanent,* p. 1 à 3.

L'Assemblée :

Considérant que la trève armée qui, en Europe seulement, tient sous les armes ou prêts à les prendre, plus de douze millions d'hommes enlevés aux travaux de la paix pour être employés aux travaux de la guerre, constitue un régime international aussi monstrueux qu'il est fragile, aussi ruineux qu'il est précaire ;

Considérant qu'en l'état présent des relations internationales, la formation d'une Fédération européenne ou la création d'une Haute Cour internationale ne sont pas immédiatement réalisables ;

. Considérant que la conclusion entre peuples de traités d'arbitrage permanent qui substitueraient entre les signataires l'état juridique à l'état de guerre ou de trève armée, serait le progrès le plus important qui eût encore été réalisé pratiquement dans les voies de la paix et du désarmement international,

Déclare :

Que la négociation et la conclusion de traités permanents par lesquels, sous la garantie préalable et réciproque de la plénitude de leur autonomie et de leur souveraineté, deux ou plusieurs peuples s'engageraient à soumettre à des arbitres par eux nommés, en la forme indiquée dans le traité, tous les différends et conflits quelconques pouvant s'élever entre ces peuples, lui parait la voie la plus sûre et la plus courte par laquelle les nations puissent aujourd'hui sortir de l'état de trève armée et parvenir à la paix et au désarmement.

« La Conférence interparlementaire dans ses sessions de Londres et de Berne (1890 et 1892), les Congrès universels de la Paix de Londres, de Rome et de Berne (1890, 1891 et 1892) ont, en des termes divers, réitéré les résolutions ci-dessus rapportées ; ils ont, de plus, exprimé la vive satisfaction que leur causait la conclusion entre les Républiques américaines du traité d'arbitrage voté les 17 et 18 avril 1890 par le Congrès Pan-Américain.

« Sur la proposition de sa Section de Législation, que nous avons eu l'honneur de présider, le sixième Congrès universel de la Paix, réuni à Anvers du 29 août au 1er septembre 1894, a approuvé la résolution ci-après :

Le Congrès considère comme étant actuellement le moyen le plus pratique et le plus juridique d'organiser la paix entre les nations européennes, la conclusion entre ces nations, pour une période déterminée, d'un traité d'arbitrage permanent à sanctions pacifiques définies, et recommande comme modèle d'un traité de ce genre le projet rédigé par Charles Lemonnier, projet qui a servi de base au traité d'arbitrage permanent négocié entre les Etats-Unis et la Suisse.

« L'ordre du jour de la cinquième session de la Conférence

interparlementaire, qui s'est ouverte à La Haye le 4 septembre dernier (1894), comportait, entre autres objets, celui-ci : *Préparation d'un projet de traité d'arbitrage international.* La discussion s'étant écartée de l'ordre du jour, la Conférence de La Haye n'a pas traité cette question, mais l'adoption d'un projet-type à recommander aux gouvernements s'imposera aux sessions ultérieures de la Conférence interparlementaire.

« Enfin la Ligue internationale de la Paix et de la Liberté a mis à l'étude parmi ses membres les questions suivantes : *De la conclusion d'un traité d'arbitrage permanent entre les nations européennes. Ce traité est-il possible? A quelles conditions?* Et le journal de la Ligue, *les Etats-Unis d'Europe*, a rendu compte, dans le numéro du 1er décembre 1894, des premiers mémoire reçus. »

Ajoutons que la Conférence interparlementaire réunie à Budapest, en septembre 1896, vota une résolution invitant *les groupes parlementaires à examiner s'il n'y aurait pas lieu de fixer un délai pendant lequel chacun de ces groupes aurait à demander aux organes compétents de son pays de conclure des traités spéciaux ou généraux d'arbitrage.*

L'année suivante vit naître et se dissiper de brillantes espérances : il s'agit ici du traité d'arbitrage permanent Olney-Pauncefote, entre la Grande-Bretagne et les Etats-Unis, très intéressant, non seulement par ses stipulations, mais encore par les échanges d'idées qui en ont précédé la rédaction et dont nous trouvons l'expression dans les lettres adressées par Lord Salisbury à l'ambassadeur britannique à Washington.

Le 5 mars 1896, Lord Salisbury écrit une lettre dont voici les principaux éléments :

Le différend au sujet de la frontière vénézuélienne rend l'occasion favorable à la reprise de la discussion générale d'un sujet qui intéresse si vivement les deux nations. L'obstacle qui les a séparées est la difficulté de décider jusqu'à quelle limite tous différends seront référés à l'arbitrage : les questions d'honneur national ou d'intégrité nationale sont exceptées des deux parts. Mais pour le reste, les Etats-Unis veulent aller plus loin que la Grande-Bretagne. En présence de la nouveauté d'un régime sans précédents, il serait sage de commencer modestement. Les différends résultent, ou d'affaires privées, dans lesquelles l'Etat représente ses sujets; ou d'affaires concernant l'Etat lui-même. Pour la première classe, qui comprend surtout des indemnités ou dommages, l'arbitrage peut être admis sans réserve. Pour la seconde, qui concerne les réclamations territoriales ou les droits de souveraineté, elles créent des sentiments nationaux qui rendent difficile le choix d'un arbitre impartial. De là, la difficulté d'un arbitrage sans restriction. Pour parer aux exigences de cet ordre d'idées, lord Salisbury propose les bases suivantes, à donner à un traité d'arbitrage *pour certains cas* :

1° Sa Majesté britannique et le Président des Etats-Unis nommeront chacun deux ou plusieurs fonctionnaires judiciaires permanents aux effets du présent traité, et, lorsqu'il se produira entre les deux Puissances un différend qui, au jugement de l'une d'elles, ne saurait être résolu par négociation, chacune d'elles désignera un desdits fonctionnaires pour arbitre ; et les deux arbitres examineront et trancheront toute affaire à eux référée conformément au présent traité.

2° Avant de commencer un tel arbitrage, les arbitres choisiront un sur-arbitre, qui tranchera toutes questions. soit interlocutoires, soit finales, sur lesquelles ils seraient en désaccord. La décision du sur-arbitre sur toute question interlocutoire liera les arbitres. La décision des arbitres, ou en cas de désaccord entre eux, la décision du sur-arbitre sera la sentence sur l'affaire en question.

3° Les plaintes portées par les nationaux d'une Puissance contre les fonctionnaires de l'autre ; toutes réclamations pécuniaires, ou tous groupes de réclamations pécuniaires ne montant pas à plus de 100,000 livres sterling, adressées à l'une des puissances par les nationaux de l'autre, qu'elles soient basées sur un droit allégué, soit par traité, soit par convention, ou autrement; toutes réclamations d'indemnités ou de dommages au-dessous dudit montant ; toutes questions affectant les privilèges diplomatiques ou consulaires ; tous droits prétendus de pêcherie, accès, navigation ou privilèges commerciaux, et toutes questions déférées par convention spéciale entre les Parties, seront déférées à l'arbitrage, conformément au présent traité, et la sentence rendue à cet égard sera finale.

4° Tout différend relatif à une question de fait ou de droit international, impliquant le territoire, les droits territoriaux, la souveraineté ou la juridiction d'une des Puissances ou des réclamations pécuniaires ou groupes de ces réclamations, de quelque espèce que ce soit, impliquant une somme supérieure à 100,000 livres sterling, sera déférée à l'arbitrage, conformément au présent traité. Mais si, en pareil cas, dans les trois mois après le prononcé de la sentence, l'une des Puissances proteste en alléguant que la sentence est erronée, par rapport à quelque point de fait ou à quelque point de droit international, la sentence sera revisée par une Cour composée de trois des juges de la Cour suprême des Etats-Unis et de trois des membres de la Commission judiciaire du Conseil privé de la Grande-Bretagne ; et, si la dite Cour, après avoir entendu la cause, décide, à une majorité qui ne sera pas moindre de cinq contre un, que ledit point a été convenablement jugé, la sentence demeurera acquise et sera définitive ; mais à défaut d'une pareille décision, elle ne sera pas valable. Si aucune protestation n'est élevée par aucune des puissances, dans le délai prévu contre la sentence, cette dernière sera définitive.

5° Tout différend qui, au jugement de l'une des Puissances, affecte matériellement son honneur ou l'intégrité de son territoire, ne sera pas déféré à l'arbitrage en vertu de ce traité, sauf par convention spéciale.

Tout différend quelconque pourra, par convention entre les deux Puissances, être déféré à la décision par arbitrage, comme il est ici prescrit, avec cette stipulation que la décision ne sera valable que si elle est acceptée par les deux Puissances. Le temps et le lieu de réunion et tous les arrangements pour les séances, ainsi que toutes les questions de procédure, seront arrêtés par les arbitres, ou par le sur-arbitre, s'il y a lieu.

Dans une dernière lettre, en date du 18 mai 1896, lord Salisbury examine la note par laquelle M. Olney avait répondu à la précédente proposition. Il est heureux d'être d'accord avec M. Olney sur ce point : que tout système adopté entre les deux nations devra être de nature telle qu'il puisse, en principe, être appliqué, s'il est nécessaire, dans les relations des deux Etats avec d'autres pays civilisés. M. Olney trouve l'article 3 trop limité dans ses applications, qui « ne répondent guère à d'autres différends que ceux qui ne pourraient pour ainsi dire, jamais mettre la paix en danger, entre Etats civilisés ». Lord Salisbury n'est pas de cet avis. Il pense qu'il serait regrettable si les deux gouvernements négligeaient l'occasion d'incarner leurs vues communes dans une Convention séparée, ce qui ne préjudicierait en rien à la possibilité de s'entendre sur la partie plus difficile, concernant les réclamations territoriales. Le premier pas n'empêcherait pas les autres, mais les rendrait plus faciles.

Les Etats-Unis voudraient voir déférer à l'arbitrage toutes questions territoriales, sauf celles que le Parlement déclarerait solennellement impliquer l'honneur ou l'intégrité de la nation; ils voudraient aussi que toute sentence fût définitive. Le Gouvernement de Sa Majesté n'est pas décidé, jusqu'à expérience ultérieure, à renoncer ainsi à sa liberté d'action.

Lord Salisbury indique, comme points difficiles, les droits réclamés par les grandes puissances à des territoires qu'elles n'ont pas occupés, ni même complètement explorés, et la doctrine moderne du Hinterland. Il croit sage, jusqu'à ce que l'expérience ait été augmentée, que les puissances gardent les mains libres par rapport aux questions territoriales.

Le résultat de ces négociations fut la signature du

TRAITÉ D'ARBITRAGE PERMANENT ENTRE LA GRANDE-BRETAGNE ET LES ÉTATS-UNIS D'AMÉRIQUE.

Les gouvernements de la Grande-Bretagne et des États-Unis d'Amérique, désirant consolider les relations d'amitié qui existent entre les deux États et consacrer par un traité le principe de l'arbitrage international, ont conclu la convention suivante :

ARTICLE PREMIER. — Les Hautes Parties contractantes conviennent de soumettre à l'arbitrage, sous les réserves ci-après, toutes les questions litigieuses qui surgiront entre elles et qui ne pourront être réglées par la voie diplomatique.

ART. 2. — Les réclamations pécuniaires ou les groupes de réclamations pécuniaires, dont le total n'excède pas la somme de 100,000 livres sterling et qui n'ont pas en même temps le caractère de réclamations territoriales, seront soumises au jugement d'un tribunal arbitral, constitué comme il est dit à l'article suivant.

L'expression *groupe de réclamations pécuniaires*, mentionnée dans le présent article et dans l'article 4, signifie les réclamations d'argent faites par une ou plusieurs personnes à raison des mêmes transactions ou impliquant les mêmes positions de droit ou de fait.

ART. 3. — Chacune des hautes parties contractantes désignera un arbitre dans la personne d'un juriste de renom ; ces deux arbitres choisiront, dans le délai de deux mois à partir de leur nomination, un sur-arbitre. Dans le cas où ils négligeraient de le faire dans le délai prescrit, le sur-arbitre sera désigné d'un commun accord par les membres de la Cour suprême des États-Unis et par les membres de la Commission judiciaire du Conseil privé de la Grande-Bretagne, la nomination incombant à chacun de ces corps ayant lieu à la majorité. Si ceux-ci ne peuvent s'entendre sur le choix d'un sur-arbitre dans le délai de trois mois à partir du jour où ils auront été invités par les hautes parties contractantes ou par l'une d'elles à procéder à cette nomination, le sur-arbitre sera désigné de la manière prévue à l'article 10.

La personne désignée remplira les fonctions de président du tribunal et la sentence rendue par la majorité des membres sera définitive.

Art. 4. — Les réclamations pécuniaires ou groupes de réclamations pécuniaires dont le total excède 100,000 livres sterling, de même que tous autres différends au sujet desquels l'une des Hautes Parties contractantes peut invoquer contre l'autre des droits résultant d'un traité ou de toute autre cause, pourvu que ces différends n'aient pas le caractère de réclamations territoriales, seront soumises au jugement d'un tribunal arbitral constitué comme il est dit à l'article suivant.

Art. 5. — Les litiges mentionnés à l'article 4 seront soumis au jugement d'un tribunal constitué comme il est dit à l'article 3. Si le jugement de ce tribunal est rendu à l'unanimité des voix, il sera définitif; dans le cas contraire, chacune des parties contractantes pourra en demander la revision dans les six mois de sa date. Dans ce cas, le différend sera soumis à un tribunal arbitral composé de cinq juristes de renom, à l'exclusion de ceux dont la sentence doit être revisée; chacune des Hautes Parties contractantes nommera deux arbitres, et les quatre réunis désigneront un sur-arbitre dans le délai de trois mois à partir du jour de leur nomination.

Dans le cas où ils négligeraient de le désigner dans le délai prescrit le sur-arbitre sera choisi d'un commun accord par les corps mentionnés à l'article 3, comme il est expliqué à cet article.

Si ceux-ci ne peuvent s'entendre sur le choix du sur-arbitre dans le délai de trois mois à partir du jour où ils auront été invités par les Hautes Parties contractantes, ou par l'une d'elles à procéder à cette nomination, le sur-arbitre sera désigné de la manière prévue à l'article 10.

La personne désignée remplira les fonctions de président du tribunal et la sentence rendue par la majorité des membres sera définitive.

Art. 6. — Tout différend ayant le caractère d'une réclamation territoriale sera soumis à un tribunal de six membres, dont trois seront désignés par le président des Etats-Unis, sous réserve de ce qui est dit à l'article 8, parmi les juges de la Cour suprême des Etats-Unis ou des Cours d'arrondissement et les trois autres, sous la même réserve par S. M. la reine de la Grande-Bretagne, parmi les juges de la Cour suprême britannique ou les membres de la Commission judiciaire du Conseil privé. La sentence du tribunal sera définitive, pourvu qu'elle ait été rendue à l'unanimité ou par cinq voix contre une.

Dans le cas de majorité insuffisante, le jugement sera également définitif, à moins qu'une des Puissances ne déclare dans les trois mois de sa date, le considérer comme erroné, laquelle déclaration annule le jugement.

Lorsqu'un jugement rendu à une majorité insuffisante a été déclaré nul comme il vient d'être dit, ou lorsque les voix des membres du tribunal arbitral se sont partagées par moitié, les Parties contractantes ne recourront à aucune mesure d'hostilité de quelque nature que ce soit avant d'avoir, ensemble ou séparément, requis la médiation d'une ou de plusieurs Puissances amies.

ART. 7. — La compétence du tribunal arbitral constitué conformément aux dispositions du présent traité ne pourra être attaquée que dans le cas suivant :

Lorsque, avant la clôture de l'instruction d'une réclamation soumise à un tribunal arbitral constitué conformément aux articles 3 ou 5, ce tribunal reconnaît, à la demande de l'une des Hautes Parties contractantes, que la qualification de cette réclamation entraînera nécessairement une décision sur une question de principe contestée d'une importance grave et générale concernant des droits nationaux, la Partie qui les revendique n'agissant pas en réalité pour la poursuite de droits privés, mais plutôt comme agent international, le tribunal arbitral sera incompétent pour statuer sur cette réclamation et celle-ci sera soumise à l'arbitrage prévu à l'article 6.

ART. 8. — Lorsque le différend concerne un des Etats ou territoires des Etats-Unis, le président pourra désigner comme arbitre un officier judiciaire de cet Etat ou territoire. Lorsque le différend concerne une colonie ou possession britannique, Sa Majesté pourra désigner comme arbitre un officier judiciaire de cette colonie ou possession.

ART. 9. — Les réclamations territoriales comprennent, aux termes du présent traité, outre celles concernant un territoire, toute question de servitude, de droit de navigation, de pêcherie, et tous les droits ou intérêts dont l'exercice est nécessaire pour la surveillance ou la jouissance d'un territoire réclamé par l'une des Hautes Parties contractantes.

ART. 10. — Lorsque les corps désignés aux articles 3 et 5 ne pourront s'entendre au sujet de la nomination du surarbitre, celui-ci sera désigné par S. M. le roi de Suède et de Norvège.

Chacune des Hautes Parties contractantes pourra aviser en tout temps l'autre Etat, qu'à raison de la modification matérielle des circonstances sous l'empire desquelles le présent traité est conclu, elle estime qu'il est opportun de désigner un remplaçant à Sa Majesté. Le remplaçant pourra être consulté à ce sujet.

ART. 11. — En cas de décès etc, d'un arbitre, il sera pourvu à son remplacement de la même manière que pour sa nomination.

ART. 12. — Chaque gouvernement paiera son conseil et ses arbitres. Cependant, dans les cas importants soumis à l'arbitrage, une Partie pourra accepter des actes de désaveu, de défense ou de défaut, sans que ses charges au sujet des dépens s'en trouvent aggravées. Le tribunal arbitral décidera, dans sa sentence finale, si et dans quelles proportions, les frais de la partie qui obtient gain de cause seront mis à la charge de la partie adverse.

ART. 13. — Le tribunal fixera lui-même l'époque et le lieu de ses séances; il arrêtera également le mode d'instruction, ainsi que toutes les questions de procédure. La sentence du tribunal sera rendue, si possible, dans le délai de trois mois après la clôture de l'instruction; elle sera écrite, datée et signée par les arbitres qui y ont adhéré.

ART. 14. — Le présent traité restera en vigueur pendant cinq années à partir du jour où il en sera fait application et continuera aussi longtemps que l'une des Hautes Parties contractantes n'aura pas signifié à l'autre État, douze mois à l'avance, qu'elle désire le résilier.

ART. 15. — Le présent traité sera ratifié par le Président des États-Unis et par S. M. la reine de Grande-Bretagne et d'Irlande. L'échange des ratifications aura lieu à Washington ou à Londres, dans les six mois de sa date, ou plus tôt, si possible.

Le Congrès International de la Paix tenu à Anvers en 1894 avait adopté, au regard d'un tel traité, la résolution suivante de Mme de Süttner, modifiée par M. Émile Arnaud :

Le Congrès considère que les négociations entamées entre les gouvernements de la Grande-Bretagne et les États-Unis d'Amérique en vue de conclure un traité d'arbitrage, à l'exemple de celles qui ont eu lieu précédemment et qui se poursuivent entre les États-Unis et la Suisse, constituent le fait le plus important et le plus fertile en espérances dont puisse se réclamer le mouvement pacifique.

Les Sociétés de la Paix du continent tiennent à exprimer leur admiration et leur gratitude pour les résultats déjà obtenus dans cette direction et soumettent aux parlements des deux pays de langue anglaise les vœux suivants :

1° De vouloir bien prendre en considération, lors des prochains débats que la conclusion d'un traité de cette nature provoquera, que les avantages assurés ne se borneront pas aux deux Parties contractantes, mais qu'ils constitueront surtout, par l'exemple donné, un incalculable bienfait pour les pays du continent, lesquels, bien plus que les deux grandes Puissances prénommées, ont à souffrir et à craindre les dangers que les traités d'arbitrage sont précisément appelés à conjurer ;

2° D'introduire une clause dans ledit traité, qui en ouvre l'accès à tous les États qui voudraient y adhérer.

D'autre part la Ligue Internationale de la Paix et de la Liberté, à la suite de la signature du traité d'arbitrage permanent entre la Grande-Bretagne et les États-Unis d'Amérique, le 11 janvier 1897, adoptait comme vœux à proposer pour la manifestation du 22 février 1897, les formules suivantes, dont la première est due à M. Émile Arnaud et la seconde à M. Bajer :

Résolution. La Société de.... (ou ses soussignés) :
Considérant que la conclusion entre les peuples de traités d'arbitrage permanent paraît la voie la plus sûre et la plus courte par laquelle les nations puissent aujourd'hui sortir de l'état de guerre ou de trêve armée pour parvenir à l'état de paix.

Invite (ou invitent) le gouvernement (nom du pays) ...à négocier sans retard et à conclure le plus tôt possible, à l'exemple de la Grande-Bretagne et des Etats-Unis d'Amérique, des traités d'arbitrage permanent avec... (liste des nations proposées).

Vœux. La Société de... (ou les soussignés) :

Exprime (ou expriment) le vœu que les petits Etats voisins, appuyés par les grands, et imitant l'exemple de Schwytz, Uri et Unterwald en 1291, forment des « fédérations d'arbitrage et de neutralité », destinées à servir de noyaux à des fédérations de plus en plus grandes, jusqu'à ce que, à l'image de la Confédération Suisse, soient constitués les Etats-Unis d'Europe.

En même temps, le Bureau International de la Paix recommandait la rédaction suivante, soumise par M. Félix Moscheles et complétée d'après une proposition de M. Richard Reuter :

Nous saluons le Traité d'arbitrage permanent, conclu entre la Grande-Bretagne et les Etats-Unis d'Amérique comme un des événements les plus importants de notre époque, en ce qu'il introduit pour la première fois le principe absolu de la justice et de la paix dans les rapports politiques entre deux grandes nations.

Tout en reconnaissant qu'il réalise notre but immédiat et répond à nos vœux, nous ne le considérons que comme un premier pas vers l'établissement d'un système qui soumettra tout différend entre nations à une procédure légale internationale.

A cet effet, nous souhaitons ardemment que l'exemple de sagesse donné par les deux gouvernements contractants soit suivi à bref délai par les gouvernements et les organes parlementaires de tous les autres pays, avec l'appui de l'opinion publique et de la presse.

Encouragés par le brillant succès dû surtout aux efforts de ceux qui ont travaillé sans relâche à faire prévaloir les solutions pacifiques des conflits internationaux, nous affirmons de nouveau le principe de l'arbitrage, et nous le proclamerons jusqu'au jour où il sera reconnu et mis en pratique dans tout le monde civilisé.

Ces espérances furent déçues. Le Sénat américain rejeta le traité.

La Conférence Interparlementaire, réunie à Bruxelles, en août 1897, et représentant quatorze parlements, après avoir constaté combien il était regrettable que le Sénat américain eût rejeté le traité d'arbitrage permanent anglo-américain Olney-Pauncefote, exprima *le ferme espoir que les parlements et les gouvernements européens continueront à s'efforcer de conclure des traités d'arbitrage entre eux et avec les Etats d'Amérique, et de voir ses membres saisir toutes les circons-*

*lances favorables pour promouvoir la conclusion de traités
généraux d'arbitrage.*

Voici dans quelles circonstances le traité anglo-américain
avait échoué au Sénat :

Le 11 janvier 1897, M. Olney, secrétaire d'Etat des Etats-
Unis, et Sir Julian Pauncefote, ambassadeur d'Angleterre à
Washington, avaient signé le traité d'arbitrage permanent
au nom de leurs pays respectifs. M. Cleveland, président des
Etats-Unis, le renvoyait au Sénat et en recommandait l'adop-
tion dans un message dont nous détachons la phrase suivante :

« Si le règlement des différends internationaux sous ces
auspices amène les autres puissances à suivre cet exemple, ce
sera l'inauguration d'une nouvelle phase de la civilisation. »

Le vote du Sénat des Etats-Unis donna, en faveur de l'adoption du traité, une majorité considérable : 46 voix avaient
voté pour l'adoption et 26 contre ; le traité, néanmoins, se
trouvait rejeté, la majorité des deux tiers des voix, nécessaire
pour la ratification, n'ayant pas été atteinte.

On a cherché à expliquer de diverses manières le rejet d'un
instrument populaire dans les deux pays et en faveur duquel
les hommes les plus éminents de l'Angleterre s'étaient prononcés à plusieurs reprises. On rappelait que le *great old man*,
Gladstone, après avoir combattu en 1873 l'arbitrage proposé
par M. Richard à la Chambre des Communes, avait été jusqu'à évoquer lui-même, en 1891, « la création d'un Tribunal
central en Europe ». Dans la fraction la plus avancée du
parti libéral, on se plaisait à mettre en relief les efforts faits
en faveur du règlement pacifique des différends entre l'Angleterre et les Etats-Unis, par W. T. Stead, qui, depuis, a repris,
dans son *Américanisation du Globe*, la thèse de la nécessité
d'une alliance entre l'Angleterre et les Etats-Unis. On n'avait
donc pas à craindre, en Amérique, un mouvement défavorable
de l'opinion anglaise. Pourquoi, dès lors, ce rejet inattendu ?

L'explication la plus généralement admise est la suivante :
depuis Washington, il est de tradition aux Etats-Unis que la
grande République américaine ne doit pas conclure de traités
d'alliance avec des Monarchies.

L'instrument repoussé par le Sénat n'était pas un traité
d'alliance proprement dit : il semblait préférable, néanmoins,

à bon nombre de sénateurs, de ne pas commencer par une Monarchie la série des traités d'arbitrage permanent à conclure, de débuter au contraire par une République : et c'était la République française qu'on avait en vue.

Notons que la question, à un moment, parut assez avancée, de ce côté de l'Atlantique

Dans la séance du 8 juillet 1895, la Chambre des députés, avec l'assentiment du gouvernement, votait à l'unanimité, moins une abstention, la résolution suivante, proposée par M. D. Barodet :

« La Chambre invite le gouvernement à négocier le plus tôt possible la conclusion d'un traité d'arbitrage permanent entre la République française et la République des Etats-Unis d'Amérique. »

Ce vote, cependant, n'eut pas de conséquence décisive. Le 30 juin 1897, le département d'Etat de Washington adressait à ce sujet une lettre dont M. Emile Arnaud, président de la Ligue internationale de la Paix et de la Liberté, donna connaissance à M. Hanotaux, ministre des affaires étrangères, et dont nous extrayons ce qui suit :

« Le Président a également communiqué à ce département votre précédente lettre, à lui adressée le 8 mai dernier, recommandant de faire prendre par les Etats-Unis l'initiative immédiate de la négociation d'un traité d'arbitrage avec la France.

« L'initiative de cette importante affaire avait déjà été prise, il y a quelques années, par la France et la Suisse...

« Dans ces circonstances... Si les représentants des pays que vous désignez avaient des instructions pour rouvrir l'affaire à Washington, leurs avances rencontreraient sans aucun doute toute la courtoisie intéressée, garantie par la longue et persévérante intercession — et par la mise en pratique dans des cas donnés — des Etats-Unis en faveur de l'arbitrage comme moyen de régler les différends distinctement soulevés entre deux nations souveraines et qui ne pourraient être résolus par un arrangement amiable. »

Les choses, depuis, n'ont pas avancé pratiquement.

La tentative anglo-américaine avait été précédée, du reste, il y a de longues années, par une négociation analogue entre la Suisse et les Etats-Unis. Cette négociation n'échoua que par suite de la mort de M. Frelinghuysen, décédé ministre des Affaires étrangères des Etats-Unis d'Amérique, qui s'était, ainsi que le Président Arthur, déclaré favorable au projet de traité et en avait commencé la négociation avec le colonel Frey, alors ministre helvétique à Washington et, depuis, chef du Département militaire fédéral de Suisse. C'est le Département politique de Berne, dont le chef était alors M. Louis Ruchonnet, qui avait, à la demande de M. Arthur, Président des Etats-Unis, rédigé ce projet, que le Conseil fédéral adopta le 24 juillet 1883 et que nous reproduisons ci-dessous :

Entre les Etats-Unis de l'Amérique du Nord et la Confédération Suisse, il a été conclu un traité permanent d'arbitrage, comme suit :

I. Les deux Etats contractants s'engagent à soumettre à un tribunal arbitral toutes les difficultés qui pourraient naître entre eux pendant la durée du présent traité, quels que puissent être la cause, la nature ou l'objet de ces difficultés.

II. Le tribunal arbitral sera composé de trois personnes. Chacun des Etats désignera l'un des arbitres. Il le choisira parmi les personnes qui ne sont ni les ressortissants de l'Etat, ni les habitants de son territoire. Les deux arbitres choisiront eux-mêmes leur sur-arbitre; s'ils ne peuvent s'entendre sur ce choix, le sur-arbitre sera nommé par un gouvernement neutre. Ce gouvernement sera lui-même désigné par les deux arbitres, ou, à défaut d'entente, par le sort.

III. Le tribunal arbitral, réuni par les soins du sur-arbitre, fera rédiger un compromis, qui fixera l'objet du litige, la composition du tribunal et la durée des pouvoirs de ce dernier. Ce compromis sera signé par les représentants des parties et par les arbitres.

IV. Les arbitres détermineront leur procédure. Ils useront, pour éclairer leur justice, de tous les moyens d'information qu'ils jugeront nécessaires, les Parties s'engageant à les mettre à leur disposition. Leur sentence sera exécutoire de plein droit, un mois après cette communication.

V. Chacun des Etats contractants s'engage à observer et à exécuter loyalement la sentence arbitrale.

VI. Le présent traité est fait pour la durée de trente années à partir de l'échange des ratifications. S'il n'est pas dénoncé avant le commencement de la trentième année, il sera renouvelé pour une nouvelle période de trente ans et ainsi de suite.

Il est bon de noter le caractère absolument général de ce traité, qui n'admet aucune exception, de quelque nature qu'elle puisse être.

Le 30 mai 1888, MM. Barodet et Couturier, l'un à la Chambre, l'autre au Sénat, avaient pris l'initiative d'une pétition présentée au gouvernement français, pour réclamer la négociation d'un traité d'arbitrage permanent entre la France et la République des Etats-Unis d'Amérique. Notons en passant, que MM. Louis Ruchonnet, Barodet et Couturier étaient tous membres du Comité Central de la Ligue internationale de la Paix et de la Liberté.

Une session très intéressante s'ouvrit à l'assemblée générale de cette Ligue, en août-septembre 1890.

Le 27 avril de la même année, dix Républiques américaines avaient signé à Washington, dans le cabinet de M. Blaine, le traité d'arbitrage permanent élaboré par la Conférence pan-américaine et voté, à l'unanimité moins une voix, par les représentants des dix-sept nations que les Etats-Unis avaient conviées à cette Conférence.

Ce projet de traité ne fut pas ratifié. Il a néanmoins une importance telle, que nous le reproduisons in extenso :

Article premier. — Les Républiques américaines du Nord, du Centre et du Sud adoptent l'arbitrage comme un principe de la loi internationale américaine pour l'arrangement des différends, des conflits ou des contestations qui peuvent s'élever entre deux ou plusieurs d'entre elles.

Art. 2. — L'arbitrage sera obligatoire dans toutes les contestations relatives aux privilèges diplomatiques ou consulaires, aux frontières, territoires, indemnités, au droit de navigation et à la validité, à l'interprétation et à l'exécution des traités.

Art. 3. — L'arbitrage sera également obligatoire dans tous les autres cas que ceux mentionnés dans le précédent article, quels que puissent être leur origine, leur nature ou leur objet, avec la seule exception mentionnée dans l'article suivant.

Art 4. — Les seules questions exceptées des dispositions de l'article précédent sont celles qui, au jugement de l'une des nations en cause, mettraient en péril l'indépendance de cette nation. En ce cas, l'arbitrage sera facultatif pour cette nation, en restant obligatoire pour la partie adverse.

Art. 5. — Toutes les contestations, tous les différends pendants actuellement ou qui s'élèveraient dans la suite, seront soumis à l'arbitrage, même s'ils provenaient de faits antérieurs au présent traité.

Art. 6. — Aucune question qui aura déjà été réglée définitivement ne pourra être renouvelée en vertu du présent traité. Dans de tels cas, on n'aura recours à l'arbitrage que pour le règlement des questions relatives à la validité, à l'interprétation ou à l'exécution desdits arrangements.

Art. 7. — Le choix des arbitres ne sera pas limité ou confié aux Etats de l'Amérique. Tout gouvernement peut servir en qualité d'arbitre, s'il entretient des relations amicales avec la nation adverse de celle qui le choisira. Cette fonction d'arbitre peut aussi être confiée à des tribunaux, à des corps scientifiques, à des officiers publics, ou à de simples particuliers, citoyens ou non des États qui les choisiront.

Art. 8. — La Cour d'Arbitrage peut se composer d'une seule ou de plusieurs personnes. Au premier cas, l'arbitre sera choisi par les nations intéressées, d'un commun accord. Si elle se compose de plusieurs personnes, le choix doit être fait conjointement par les nations intéressées. Si l'on ne peut s'entendre à cet égard, chaque nation ayant un intérêt distinct aura le droit de désigner un arbitre pour sa part.

Art. 9. — Lorsque la Cour se composera d'un nombre pair d'arbitres, les nations intéressées désigneront un sur-arbitre, qui décidera toutes les questions sur lesquelles les arbitres ne seraient pas d'accord. Si les nations intéressées ne tombent pas d'accord sur le choix d'un sur-arbitre, ce dernier sera choisi par les arbitres déjà nommés.

Art. 10. — Le choix du sur-arbitre et son acceptation devront avoir lieu avant que les arbitres commencent à connaître de l'affaire qui leur est soumise.

Art. 11. — Le sur-arbitre n'agira pas comme membre de la Cour ; mais ses devoirs et ses pouvoirs seront limités à la décision des questions, soit principales, soit incidentes, sur lesquelles les arbitres ne pourront tomber d'accord.

Art. 12. — Si un arbitre ou un sur-arbitre était empêché de remplir ses fonctions, par suite de décès, de démission, ou pour toute autre cause, cet arbitre ou sur-arbitre sera remplacé par un substitut, qui devra être choisi de la même manière que l'aura été le premier arbitre ou sur-arbitre.

Art. 13. — La Cour tiendra ses sessions en tel lieu que les parties intéressées s'accorderont à désigner ; et, dans le cas de désaccord, ou si elles manquaient de désigner le lieu, la Cour elle-même pourra déterminer la localité.

Art. 14. — Lorsque la Cour se composera de plusieurs arbitres, la majorité du nombre total des membres pourra agir, malgré l'absence ou le départ de la minorité. En pareil cas, la majorité continuera à remplir ses devoirs, jusqu'à ce qu'elle soit parvenue à une décision finale sur toutes les questions soumises à l'examen de la Cour.

Art. 15. — La décision de la majorité des arbitres sera définitive, tant sur les questions principales que sur les questions incidentes, à moins que, dans les questions de l'arbitrage, il n'ait été expressément stipulé que l'unanimité serait indispensable.

Art. 16. — Les dépenses générales de la procédure d'arbitrage seront payées en proportions égales par les gouvernements qui sont Parties intéressées ; mais les dépenses faites par chacune des Parties pour la préparation et la poursuite de sa cause seront payées par elle, individuellement.

Art. 17. — Toutes les fois que des différends s'élèveront, les nations intéressées désigneront des Cours d'arbitrage, conformément aux prescriptions des articles précédents. On ne pourra déroger à ces prescriptions et constituer des Cours d'arbitrage selon d'autres arrangements, que par le mutuel et libre consentement de ces nations.

ART. 18. — Le présent traité restera en vigueur pendant vingt ans, à dater du jour de l'échange des ratifications. Après l'expiration de cette période, il continuera à être valable, jusqu'à ce qu'une des Parties contractantes ait notifié à toutes les autres son désir d'y mettre fin. En cas de pareille notification, le traité continuera à être obligatoire, pour la partie notifiante, pendant un an ; mais la retraite d'une ou de plusieurs nations n'invalidera pas le traité à l'égard des autres nations contractantes.

ART. 19. — Le présent traité sera ratifié, par toutes les nations qui l'auront approuvé, conformément à leurs règles constitutionnelles respectives ; et les ratifications seront échangées dans la ville de Washington, le, ou avant le, premier jour de mai 1891. Toute autre nation pourra accepter ce traité et devenir Partie contractante, en signant une copie du traité et en la déposant entre les mains du gouvernement des Etats-Unis ; après quoi, ledit gouvernement communiquera le fait aux autres Parties contractantes.

Ce traité avait été voté le 17 avril. Le lendemain, 18 avril, quatre résolutions supplémentaires très importantes et dont le Comité chargé de préparer le traité recommanda expressément l'adoption furent présentées par lui à la Conférence. Voici ces résolutions :

1° Tant que le traité d'arbitrage restera en vigueur, le principe de la conquête ne sera point admis par le droit public américain.

2° Toute cession de territoire faite pendant le même temps sera nulle, si elle a été faite sous menace de guerre ou sous la pression d'une force armée.

3° Toute nation lésée par de telles cessions pourra demander que leur validité soit soumise à l'arbitrage.

4° Toute renonciation au droit à l'arbitrage, faite dans les conditions portées à l'article deuxième sera nulle, et non avenue.

Le même jour, le Comité présente le vœu suivant :

La Conférence internationale américaine ayant recommandé l'arbitrage comme solution des différends entre les Républiques américaines, se permet d'énoncer le vœu que les difficultés entre ces Républiques et l'Europe puissent être résolues amicalement de la même manière. Elle recommande aux gouvernements de chaque nation de communiquer ce vœu à toutes les Puissances amies.

A l'Assemblée générale de la Ligue internationale de la Paix et de la Liberté, le rapport du Comité Central fit remarquer que « la clause écrite dans l'article 4 du traité de Washington qui, en tout conflit, laisse à toute partie le droit de décliner l'arbitrage, sans rien alléguer, sinon qu'en son for intérieur elle juge que l'acceptation de l'arbitrage mettrait son indépendance en péril, cette clause qui rend en réalité l'arbitrage purement facultatif, et qui, introduite en faveur des faibles, se retournerait si facilement contre eux, devient inutile, puisque le principe de la Souveraineté et de l'Autonomie des peuples ne pouvant être mis en discussion, l'erreur des arbitres, compétents sur toute autre question, ne peut jamais porter que sur un acte d'exercice de cette Souveraineté. »

Sur la transformation de l'idée même de la Souveraineté, le rapport du Comité Central renferme une étude très serrée, qu'il est bon de reproduire :

«.Une des raisons — la principale peut-être — qui retardent le plus la pacification, c'est l'idée fausse qu'on se fait encore de la Souveraineté.

« Les traditions romaines, papales, impériales et féodales nous encombrent. L'idée moderne d'Autonomie a peine à prendre la place de ce mot de Souveraineté, et la conscience des plus pacifiques n'est pas encore habituée à comprendre que la Souveraineté qui consent, sous condition de réciprocité bien entendu, à déférer, non pas son principe, mais ses actes, à des arbitres choisis, acceptés par elle, par cela même se déclare, s'affirme et se fortifie.

« Faut-il donc, au contraire, accepter et poser encore en principe que le Souverain doit être seul juge de ses actes ? Que son droit n'a d'autre mesure ni d'autres limites que la force dont il dispose ? Que cette grande loi morale : personne ne peut être juge dans sa propre cause, n'est point faite pour lui ? Qu'il est infaillible ? Qu'il ne peut mal faire, que le mal qu'il fait, seul il a le droit de le reconnaître et de le réparer, s'il le juge convenable ?

« Qu'on y prenne garde : si l'on essaie de maintenir cette doctrine, on fait un retour effrayant dans le passé, on professe qu'il y a deux morales, la Morale qui nous oblige tous, et une morale particulière pour les Souverains, une morale d'État.

« Alors, il faut soutenir cyniquement qu'un État quelconque, quelle que soit sa forme, Monarchie ou République, ne doit connaître d'autre limite à ses entreprises que l'étendue de sa puissance, ni d'autre frein qu'une force matérielle supérieure à la sienne. Or, suivre cette maxime, se serait simplement fortifier, enraciner la guerre ; ce serait, en trois mots, invoquer comme unique loi le droit du plus fort, et ne laisser aux peuples d'autre recours que l'insurrection !

« Sommes-nous véritablement acculés à de telles extrémités ? Non, certes ; mais, alors, ayons le courage de nos opinions : disons hardiment que la Souveraineté, l'Autonomie plutôt, pour les nations, pour les États, aussi bien que pour les individus, c'est simplement le droit d'exister, de se constituer, de se régir soi-même, le droit de se gouverner, le droit de n'avoir ni maîtres, ni juges, sinon ceux qu'on aura librement élus ou acceptés. Si l'on est d'accord sur ce point, on verra que cette idée de Souveraineté, renouvelée ainsi que tant d'autres par l'évolution des idées, des sentiments et des mœurs, traduite par ce mot d'Autonomie qui l'explique et la justifie, non seulement se concilie avec le principe de l'arbitrage, mais dérive de ce principe même ; car, identique avec la justice, le principe de l'arbitrage est en effet l'élection libre du juge par le justiciable.

« Reconnaître que l'on n'est point infaillible, que l'on peut se tromper, que l'on peut avoir tort ; consentir à être jugé par des juges que l'on a librement élus, et exécuter leur sentence, certes, ce n'est point se diminuer ; c'est s'affirmer au contraire, c'est se fortifier et se grandir.

« Cette transformation de l'idée de Souveraineté est radicale, mais elle est fatale. Il est inévitable qu'elle se fasse, lentement, oui ; mais elle se fait ; car elle est contenue dans l'idée même d'arbitrage, et la popularité qui s'attache partout à cette idée est la garantie certaine de l'évolution. Seulement, n'oublions pas qu'à toute transformation il faut le temps, la patience et l'expérience.

« Un des grands services que doit rendre l'emploi du traité d'arbitrage permanent entre peuples, c'est précisément de hâter sans brusquerie la transformation de l'idée de Souveraineté. Le traité d'arbitrage permanent, outre qu'il est temporaire et qu'il n'élimine la guerre entre ceux qui le signent que pendant sa durée, ne précipite rien ; il commence, il ouvre l'état juridique entre les peuples, il ne l'achève pas. Le traité d'arbitrage est un terme de passage entre l'état de guerre et l'établissement futur des Fédérations de peuples, dont la Suisse et plusieurs Etats américains donnent déjà l'exemple.

« Ces vérités reconnues, tirons-en hardiment les conséquences.

« Si l'acceptation de la sentence rendue par les arbitres librement élus n'est point une atteinte directe à l'Autonomie ; si elle en est, au contraire, le signe, la grosse question posée par le Congrès universel de 1889 : *Y a-t-il des questions qui échappent à l'arbitrage ?* est pleinement résolue.

« La seule question sur laquelle des arbitres soient radicalement incompétents, sur laquelle aucun compromis ne puisse les autoriser à prononcer, c'est le droit de Souveraineté et d'Autonomie lui-même. Sur toute autre question, sur toute erreur, sur tout abus qu'un peuple puisse faire de sa Souveraineté, des arbitres nommés librement et par un compromis régulier, sont compétents. »

Après avoir reproduit ce passage qui résume d'une manière si forte et si originale tous les éléments de la question, nous allons faire connaître les résolutions suivantes, que le Comité Central propose à l'adoption du Congrès :

Première résolution.

L'Assemblée :

Considérant que le projet de traité d'arbitrage permanent, préparé par la Conférence américaine, adopté à l'unanimité moins une voix par les dix-sept peuples convoqués en Congrès par les Etats-Unis d'Amérique ;

Reconnaît le principe de la Souveraineté, de l'Autonomie, et par conséquent, de l'indépendance des peuples ;

Pose l'arbitrage comme principe fondamental du droit international américain ;

Elimine la guerre, condamne la conquête, déclare nulle toute annexion faite sans le libre assentiment des populations annexées ;

Remercie au nom de tous les peuples les Etats-Unis d'Amérique d'avoir convoqué la Conférence de Washington.

Félicite fraternellement cette Conférence du progrès immense que son œuvre a fait faire à la pacification universelle.

Deuxième résolution.

L'Assemblée :

Considérant que le principe de la Souveraineté, de l'Autonomie des peuples n'est point la force, mais la justice et la fraternité ; que cette Souveraineté, cette Autonomie sont en conséquence indiscutables, inaliénables, imprescriptibles ;

Déclare que les nations, en signant des traités d'arbitrage permanent par lesquels elles s'obligent à déférer à des arbitres tous les conflits qui pourront naître entre elles, ne dérogent point à leur souveraineté, dont le principe reste en tout état de cause indiscutable ;

Déclare, en conséquence, que la compétence des arbitres désignés en vertu d'un tel traité, quand elle n'est point expressément restreinte par le compromis, s'étend à toutes les questions, même à celles qui naissent du mode d'exercice de la Souveraineté dans les rapports avec les autres nations ;

Déclare, qu'en aucun cas, les mesures prises pour amener à exécution une sentence arbitrale ne peuvent avoir le caractère d'actes de guerre, ni être réputés tels ;

Emet l'avis que, sans déroger au principe indiscutable de leur autonomie, les nations signataires d'un traité d'arbitrage peuvent juridiquement, par une disposition spéciale du compromis, autoriser les arbitres à sanctionner leur sentence par l'un des moyens déterminés au compromis ;

Décide que les présentes résolutions seront adressées à la Présidence et au Secrétariat général de la Commission permanente de la Conférence interparlementaire.

M. Emile Arnaud développe le rapport et appuie les résolutions, qui sont adoptées à l'unanimité.

Revenant sur ce sujet [1], M. Emile Arnaud s'exprime de la manière suivante :

« Avant d'adhérer à ce traité lui-même, les puissances européennes, par exemple, se préoccuperont de ce que, la convention restant ouverte, toute autre puissance peut également apposer sa signature : ainsi elles pourraient se trouver liées par un contrat d'arbitrage avec une nation vis-à-vis de laquelle elles n'eussent pas voulu s'engager.

Pour éviter cet inconvénient, il suffira, ainsi que nous l'avons conseillé à ceux des membres du Folketing danois qui nous ont consulté à cet égard, de conclure un traité spécial fermé, avec tels des signataires du traité général qu'il conviendra.

La plus sérieuse critique que l'on doive adresser à la con-

1. *Les Traités d'Arbitrage permanent entre Peuples*, p. 20-21.

vention de Washington, est relative à l'exception, contenue en l'article IV, au principe d'obligation de l'arbitrage énoncé dans les articles I, II et III. Il s'agit ici de l'importante question des limites d'application de l'arbitrage international, en ce qui touche la sauvegarde de l'autonomie des nations contractantes. La controverse est néanmoins assez réduite, dans le cas présent, l'expression employée étant celle d'*indépendance*, plus claire que celle de *souveraineté*.

L'autonomie des nations signataires devant être proclamée et reconnue par le traité lui-même, ne peut pas être infirmée par une sentence arbitrale quelconque, cela ne fait doute pour personne. Mais il est à prévoir, — et l'exemple récent du conflit italo-suisse justifie cette prévision —, que si les nations restent seules juges de déclarer que la difficulté à résoudre est pour elles une question d'indépendance, des abus seront commis, et certaines puissances invoqueront à tout propos leur autonomie pour se soustraire à l'arbitrage.

Dans la plupart des cas, il est aisé de reconnaître si l'indépendance d'une nation est ou non en jeu, et lorsque cela est, seul un adversaire de mauvaise foi peut le contester; dès lors, pourquoi refuser de constituer le tribunal arbitral, juge impartial et insoupçonnable, et pourquoi ne pas lui demander de se prononcer sur cette question préjudicielle : « Le conflit soulevé menace-t-il l'autonomie de l'une des parties? » Si la réponse du tribunal est affirmative, le conflit est, par cela même, jugé : la prétention de la partie adverse n'est pas admissible, puisque celle-ci est tenue de respecter cette autonomie, qu'elle a formellement reconnue. Si la réponse est négative, les débats peuvent s'engager au fond, et l'arbitrage remplit encore son rôle, en évitant la guerre probable ou en parant une injustice.

Il peut sembler quelquefois difficile de distinguer clairement *a priori* si un différend met en péril l'autonomie d'une nation ou s'il ne peut affecter que l'un des modes d'exercice de la souveraineté de cette nation. Or, quiconque ne pouvant être bon juge dans sa propre cause, il est préférable encore, pour une puissance soucieuse de sa réputation de justice et forte de son droit, de confier la solution de cette difficulté à un tribunal arbitral qui, après étude de la question, prononcera sûrement selon la vérité.

Aucun auteur n'a, croyons-nous, adopté jusqu'ici une limite aussi large que celle que nous venons d'assigner au rôle des arbitres · Après de longues réflexions, nous croyons n'avoir rien exagéré et nous pensons avoir fait au droit des nations une application non seulement *exacte*, mais encore *possible* et *utile* du droit individuel [1]. »

A l'assemblée de la Ligue internationale de la Paix et de la Liberté de 1891 furent proposées des résolutions en faveur de l'arbitrage permanent que nous donnons plus bas. A ce sujet, une discussion animée se produisit entre MM. Emile Arnaud et H. Destrem.

Ce dernier avait voulu faire précéder le premier paragraphe des résolutions proposées d'une déclaration en faveur d'un pacte fédératif européen, réduisant l'arbitrage au second rang.

M. Arnaud fit remarquer que la Ligue avait toujours réclamé la Fédération des peuples, mais qu'une pareille fédération, actuellement, était impossible, que le meilleur moyen de préparer cette Fédération était justement la mise en pratique progressive du traité d'arbitrage permanent.

La Ligue, à la suite de ces explications, adopta les résolutions suivantes :

Considérant que l'état de trêve armée, si précaire et si ruineux qu'il soit pour les gouvernements et pour les peuples, est par sa persistance même la preuve irrécusable des aspirations des gouvernements et des peuples vers la paix :

Considérant que la vraie paix ne peut se fonder que sur la liberté et sur la justice ;

Considérant que l'établissement d'un ordre juridique international peut seul faire disparaître la guerre et ses conséquences ;

Considérant que le principe même du droit est le droit imprescriptible et inaliénable qu'ont tous les peuples de se régir eux-mêmes ;

Considérant que le principe de l'arbitrage, c'est-à-dire, la nomination des juges par les justiciables, est déjà historiquement consacré entre les peuples par une longue pratique ;

Considérant que, dans l'état présent de l'Europe, la formation immédiate d'une *Haute-Cour internationale universelle* paraît irréalisable ;

Que la constitution d'une fédération de tous les peuples d'Europe dont la Ligue affirme de nouveau le principe, ne saurait être immédiate ;

Considérant que, parmi tous les moyens proposés jusqu'ici, le plus simple, le plus facile, le plus praticable, paraît être la conclusion

1. Cf. *L'Organisation de la Paix*, p. 38 à 40.

de traités d'arbitrage permanent, négociés de peuple à peuple, analogues à celui dont la rédaction a été préparée par le Gouvernement Helvétique pour être négocié avec les Etats-Unis d'Amérique et qui a été officiellement publié en 1883; la mort de M. Frelinghuysen en ayant seule interrompu la négociation :

L'Assemblée,

Nie le droit de conquête; déclare nulle toute annexion et toute neutralisation faite sans le consentement préalable du peuple annexé ou neutralisé ;

Emet le vœu de voir le Congrès universel et la Conférence interparlementaire mettre à l'ordre du jour des peuples et des gouvernements l'établissement immédiat d'un ordre juridique international fondé sur le principe de l'arbitrage ;

Soit par adhésion au traité d'arbitrage permanent de Washington, du 28 avril 1890 ;

Soit par la conclusion de traités d'arbitrage permanent, librement négociés et signés de peuple à peuple ;

Soit par toute autre mesure qui ne porte point atteinte à la pleine autonomie de ces peuples ;

Appuie la proposition faite par *The American Peace Society* de réclamer du président des Etats-Unis d'Amérique la convocation d'un Congrès de représentants officiels des gouvernements chargés d'établir entre les peuples une juridiction internationale ;

Envoie au delà des mers ses salutations fraternelles aux généreux fondateurs du *Pan Republic Congress*, qui veulent créer la Ligue de la Liberté humaine.

Le traité résultant de la Conférence pan-américaine était signé par les représentants de onze Etats : Bolivie, Equateur, Guatémala, Haïti, Honduras, Nicaragua, Salvador, Etats-Unis d'Amérique, Brésil, Venezuela et Uruguay.

Cependant, malgré l'article 19, les Etats signataires n'échangèrent pas les ratifications dans le délai convenu.

On a tenté, depuis, de renouveler ce traité. On tomba d'accord sur une forme d'extension qui fut soumise, le 29 octobre 1891, à toutes les puissances signataires. Les gouvernements de l'Equateur, de Guatémala, de Honduras, de Venezuela, de Nicaragua, de Salvador et de Bolivie acceptèrent la proposition; les négociations, néanmoins, n'eurent pas d'autre suite.

Remarquons que le gouvernement des Etats-Unis a notifié le traité pan-américain de 1890 à tous les Etats de l'Europe, en les invitant à adhérer aux décisions qui y sont contenues. Nous verrons bientôt que, malgré cet échec temporaire, l'effort pan-américain n'a pas été vain, qu'il a abouti, au contraire, en ces derniers temps, de l'autre côté de l'Atlantique, à d'heureux résultats.

Mais, pour suivre — au moins accidentellement — l'ordre chronologique, passons à un traité d'arbitrage permanent, signé, ratifié, et en vigueur actuellement. Nous voulons parler du

Traité d'arbitrage général et permanent entre l'Italie et la République Argentine, signé à Rome, le 23 juillet 1898.

ARTICLE PREMIER. — Les Hautes Parties contractantes s'obligent à soumettre à un jugement arbitral toutes les controverses, de quelque nature qu'elles soient et pour quelque difficulté qui puisse surgir entre elles pendant la durée du présent traité, et pour lesquelles on n'aurait pu obtenir une solution à l'amiable au moyen de négociations directes.

ART. 2. — Dans chaque cas, les Hautes Parties contractantes concluront une convention spéciale pour déterminer l'objet précis de la controverse, l'étendue des pouvoirs des arbitres et toute autre modalité opportune relative à la procédure. A défaut d'une semblable convention, il appartiendra au tribunal de spécifier, en prenant pour base les prétentions réciproques des parties, les points de droit et de fait qui devront être résolus pour résoudre la question.

Pour tout autre cas, à défaut de convention spéciale, seront valables les règles énoncées ci-après.

ART. 3. — Le tribunal sera composé de trois juges. Chacun des Etats contractants en désignera un. Les arbitres ainsi nommés choisiront le troisième. S'ils ne pouvaient se mettre d'accord sur ce choix, le troisième arbitre serait choisi par le chef d'un Etat tiers; cet Etat sera désigné par les arbitres déjà nommés. Si l'on ne pouvait arriver à un accord pour nommer le troisième arbitre, on demandera au Président de la Confédération suisse ou au roi de Suède et Norvège, alternativement, d'effectuer cette nomination. — Le troisième arbitre ainsi élu sera, de droit, président du tribunal. Comme troisième arbitre, on ne pourra jamais nommer successivement la même personne. Aucun des arbitres ne pourra être citoyen des Etats contractants, ni domicilié ou résidant sur leur territoire. A plus forte raison, ils ne pourront avoir des intérêts dans les questions formant l'objet de l'arbitrage.

ART. 4. — Dans le cas où un arbitre, pour quelque raison que ce soit, ne pourrait assumer ou continuer la charge pour laquelle il aurait été désigné, on procédera à son remplacement en suivant la procédure adoptée pour sa nomination.

ART. 5. — A défaut d'accords spéciaux entre les parties, il appartiendra au tribunal de fixer l'époque et le lieu de ses séances hors des territoires des Etats contractants, de choisir la langue dont on fera usage, de déterminer les instructions, formes et termes à prescrire aux parties, la procédure à suivre, et, en général, de prendre toutes les mesures nécessaires à son propre fonctionnement destinées à résoudre toutes les difficultés de procédure qui pourraient surgir au cours des débats. Les Parties s'obligent, en ce qui les concerne, à mettre à la disposition des arbitres tous les renseignements dont elles disposeront.

ART. 6. — Un représentant de chacune des Parties assistera aux séances et représentera son propre gouvernement dans toutes les affaires ayant rapport à l'arbitrage.

ART. 7. — Le tribunal est compétent pour statuer sur la régularité de sa propre constitution, sur la validité du compromis et sur son interprétation.

ART. 8. — Le tribunal devra décider selon les principes du droit international, à moins que le compromis n'impose l'application de règles spéciales et n'autorise les arbitres à décider comme compositeurs amiables.

ART. 9. — Dans le cas où il n'existerait pas de dispositions contraires, toutes les délibérations du tribunal seront valables lorsqu'elles obtiendront la majorité des voix de tous les arbitres.

ART. 10 — La sentence devra décider définitivement chaque point du litige. Elle devra être rédigée en double original et signée par tous les arbitres. Si quelques-uns se refusaient à le faire, les autres devront en faire mention, et la sentence produira ses effets dans le cas où elle serait signée par la majorité absolue des arbitres. — On ne pourra insérer dans la sentence les votes contraires. La sentence devra être notifiée à chacune des Parties par l'entremise de son représentant auprès du tribunal.

ART. 11. — Chacune des Parties supportera ses propres frais et la moitié des frais nécessités par le tribunal arbitral.

ART. 12. — La sentence légalement prononcée statue, dans les limites du contrat, sur le différend existant entre les Parties. — Elle devra contenir l'indication du délai dans lequel elle devra être exécutée. — Le même tribunal statuera sur les difficultés qui pourraient surgir pour l'exécution de la sentence qu'il a prononcée

ART. 13. — La sentence est sans appel et son exécution repose sur l'honneur des nations signataires de ce traité. — On admet toutefois le droit d'en demander la revision devant le tribunal même qui l'aura prononcée, et avant que ladite sentence ait été exécutée : 1° si on a jugé sur un document faux ou erroné ; 2° si la sentence a été, en tout ou partie, l'effet d'une erreur de fait positif ou négatif résultant des actes ou documents de la cause.

ART. 14. — Le présent traité aura une durée de dix ans à dater de l'échange des ratifications. — S'il n'est pas dénoncé six mois avant son échéance, il sera tacitement renouvelé pour une nouvelle période de dix ans, et ainsi de suite.

ART. 15 — Le présent traité sera ratifié et les ratifications seront échangées à Buenos-Ayres dans les six mois de la présente date.

Remarquons que ce traité ne renferme pas de sanction ;

qu'en revanche, il admet l'arbitrage permanent d'une façon absolue et sans restriction quelconque.

« Ce traité, en vigueur depuis bientôt cinq ans, écrit M. Émile Arnaud[1], n'est-il pas une réponse vivante et suffisante aux affirmations de ceux qui soutiennent que jamais aucun gouvernement ne consentira à se lier par avance en vue de la solution de graves difficultés internationales? Cette impossibilité, cette utopie, est aujourd'hui un fait acquis, et ce fait lie deux puissances dont les relations sont fréquentes et qui, par suite, sont à même de se trouver en conflit ; ces deux puissances ne sont pas des moindres : l'une d'elles est sans doute appelée à un grand avenir; l'autre, nation européenne, est suffisamment importante pour tenir un rang honorable dans le groupement des puissances et pour que son amitié soit recherchée par tous; les hommes d'État, qui détenaient chez elle le pouvoir, lors de la signature du traité, et qui l'ont détenu depuis, sont loin de jouir, dans le monde, d'une réputation d'imprévoyance, bien au contraire. Et, jamais, à notre connaissance, aucun bon citoyen italien n'a regretté la conclusion du traité du 23 juillet 1898, dont les diplomaties italienne et argentine continuent, à bon droit, à s'enorgueillir. »

D'autres gouvernements encore ont montré qu'ils redoutaient, aussi peu que l'Italie et la République Argentine, les traités d'arbitrage permanent.

Nous empruntons d'abord à la *Pacicrisie*, de M. H. La Fontaine, sénateur de Belgique, la liste chronologique suivante des traités dans lesquels ont été insérées des clauses générales d'arbitrage :

Le 3 septembre 1880, entre le Chili et la Colombie ;

Le 24 décembre de la même année, entre la Colombie et le Salvador ;

Le 3 juillet 1882, entre Saint-Domingue et le Salvador ;

Le 7 février 1883, entre le Salvador et l'Uruguay ;

Le 27 octobre de la même année, entre le Costa-Rica et le Salvador ;

Le 19 janvier 1886, entre le Chili et la Suisse ;

---

1. *Un Traité d'Arbitrage entre la France et l'Angleterre*. La Justice Internationale, n° du 25 mai 1903, p. 73.

Le 23 mai 1892, entre le Guatémala, le Honduras, le Nicaragua et le Salvador;

Le 18 mai 1899, entre le Brésil et le Chili;

Le 8 juin de la même année, entre la République Argentine et l'Uruguay;

Le 6 novembre suivant, entre la République Argentine et le Paraguay.

Citons maintenant une série d'autres traités à clause générale d'arbitrage, dont quelques-unes offrent un intérêt tout particulier.

Le traité d'amitié, de commerce et de navigation du 18 mai 1868 entre le Siam et la Suède et Norvège établit l'arbitrage permanent par son article 25, ainsi conçu :

Dans le cas où s'élèverait entre les Hautes Parties contractantes un différend qui ne pourrait pas être arrangé amicalement par la voie de négociations ou de correspondances diplomatiques, il est ici convenu que le règlement du différend sera soumis à l'arbitrage d'une Puissance neutre et amie, à désigner de commun accord, et que le résultat de cet arbitrage sera admis par les hautes parties contractantes comme une décision finale.

Le traité d'amitié et de commerce du 29 août 1868, entre la Belgique et le Siam, constitue l'arbitrage permanent par l'article 24, que nous reproduisons :

Dans le cas où un différend s'élèverait entre les deux pays contractants, qui ne pourrait pas être arrangé amicalement par correspondance diplomatique entre les deux gouvernements, ces derniers désigneront, d'un commun accord, pour arbitre, une Puissance tierce neutre et amie, et le résultat de l'arbitrage sera admis par les deux Parties.

Le traité de commerce du 17 mai 1869 entre l'Autriche-Hongrie et le Siam renferme une clause générale d'arbitrage, concernant tous les différends qui pourraient surgir entre les deux pays. C'est l'article 26, identique à l'article 25 du traité du 18 mai 1868 entre le Siam et la Suède et Norvège, ci-dessus reproduit.

Le 20 mai 1882, l'Espagne et le Venezuela signent un traité de commerce et de navigation qui établit l'arbitrage permanent entre ces deux puissances par son article 14, ainsi formulé :

Si, contre toute attente, il venait à surgir entre l'Espagne et le Venezuela une difficulté quelconque qui ne pourrait pas être résolue à l'amiable par les moyens usuels et ordinaires, les deux Hautes Parties contractantes conviennent de soumettre la solution du différend à l'arbitrage d'une tierce Puissance, amie des deux parties, proposée et acceptée de commun accord. »

Le 30 octobre 1883, la Suisse et le Salvador signent un traité d'amitié, d'établissement et de commerce, dont l'article 13 dit :

Dans le cas où un différend s'élèverait entre les deux pays contractants et ne pourrait être arrangé amicalement par correspondance diplomatique entre les deux gouvernements, ces derniers conviennent de le soumettre au jugement d'un tribunal arbitral, dont ils s'engagent à respecter et à exécuter loyalement la décision.

Le tribunal arbitral sera composé de trois membres. Chacun des deux États en désignera un, choisi en dehors de ses nationaux et des habitants du pays. Les deux arbitres nommeront le troisième. S'ils ne peuvent s'entendre pour ce choix, le troisième arbitre sera nommé par un gouvernement désigné par les deux arbitres, ou, à défaut d'entente, par le sort.

Le 6 novembre 1885, la Suisse et la République Sud-Africaine signaient un traité d'amitié, d'établissement et de commerce, dont l'article 11 renferme un texte identique à celui de l'article 13 du traité entre la Suisse et le Salvador, que nous venons de reproduire.

Le traité additionnel de paix et d'amitié du 23 mai 1888 entre l'Espagne et l'Equateur dit, dans son article 5 :

Toutes les contestations et tous les différends entre l'Espagne et l'Equateur sur l'interprétation de traités existants ou sur un point quelconque qui n'y est pas prévu, s'ils ne peuvent être résolus à l'amiable, seront soumis à l'arbitrage d'une Puissance amie, proposée et acceptée de commun accord.

L'acte général de la Conférence de Bruxelles du 2 juillet 1890, article 55, institue l'arbitrage pour les questions de traite africaine.

La Convention du 4 juillet 1891, par son article 23, constitue une juridiction arbitrale, par rapport à l'Union postale universelle.

La déclaration échangée à Lisbonne, le 5 juillet 1894, entre les Pays-Bas et le Portugal, au sujet du règlement provisoire des relations commerciales, renferme la clause générale d'arbitrage suivante :

Toutes questions ou tous différends sur l'interprétation ou l'exécution de la présente déclaration, et de même toute autre question qui pourrait surgir entre les pays, pourvu qu'elle ne touche ni à leur indépendance ni à leur autonomie, s'ils ne peuvent être réglés à l'amiable, seront soumis au jugement de deux arbitres, dont un sera nommé par chacun des deux gouvernements. En cas de différence d'opinion entre les deux arbitres, ceux-ci désigneront, de commun accord, un troisième qui décidera.

Lorsque s'ouvrit, en 1899, la Conférence de La Haye, des espérances furent suscitées, que la réalité ne justifia pas entièrement.

Les résultats obtenus n'en ont pas moins une très grande valeur. La *Convention pour le règlement pacifique des conflits internationaux* a défini le rôle de l'arbitrage international, organisé une juridiction arbitrale permanente, et déterminé une procédure de l'arbitrage. De longues discussions se sont élevées sur le point de savoir si cette juridiction serait générale ou partielle, facultative ou obligatoire.

L'idée de juridiction facultative a prévalu. Toutefois l'article 19 de la *Convention* s'est exprimé en ces termes :

Indépendamment des traités généraux ou particuliers qui stipulent actuellement l'obligation du recours à l'arbitrage pour les Puissances signataires, ces Puissances se réservent de conclure, soit avant la ratification du présent acte, soit postérieurement, des accords nouveaux, généraux ou particuliers, en vue d'étendre l'arbitrage obligatoire à tous les cas qu'elles jugeront possible de lui soumettre.

Ce texte prouve le désir entretenu par les plénipotentiaires de voir les gouvernements compléter, par des traités particuliers, l'œuvre qu'en l'absence d'unanimité sur ce point, ils n'avaient pu parfaire eux-mêmes.

Il importe de rappeler que vingt-six États, seulement, étaient représentés à la Conférence ; les autres pays, qui n'y figuraient pas, n'avaient pas été invités, parce qu'ils n'avaient point de représentants diplomatiques accrédités à La Haye. C'est pour cette raison que les pays d'Amérique non conviés firent une sorte de Conférence de La Haye américaine, qui reprit toutes les clauses votées à La Haye. Il y a lieu d'espérer que, prochainement, ces nations seront admises à adhérer à la Convention pacifique de La Haye, de manière à ce qu'il n'y ait plus qu'une organisation mondiale unique, valant pour tous

Le rôle de l'arbitrage entre nations et des questions qui s'y rattachent a été admirablement mis en lumière, à propos de la Conférence de La Haye, par le chevalier Descamps, sénateur de Belgique, président de l'Union Interparlementaire, dans son *Essai sur l'organisation de l'Arbitrage international, Mémoire aux Puissances.*

Les sentiments inspirés à la Ligue internationale de la Paix et de la Liberté par les résultats de la Conférence de La Haye prirent corps dans la septième des résolutions votées, sur le rapport de M. Emile Arnaud, à l'Assemblée générale de 1900, et dont voici le texte :

La Ligue exprime le vif regret que la Conférence de La Haye ne soit point parvenue à instituer le régime de l'arbitrage international obligatoire. Elle rappelle toutefois avec satisfaction que les délégués des Puissances hostiles à l'organisation de l'arbitrage par voie de convention générale ont déclaré que ces Puissances n'étaient pas opposées à la conclusion de conventions particulières d'arbitrage obligatoire.

Les hommes qui dirigent avec tant d'ardeur la propagande. de la Ligue ne devaient point tarder à recevoir quelque satisfaction.

Le 6 novembre 1900 le Mexique et le Nicaragua signaient un traité d'amitié et de commerce qui renfermait les dispositions suivantes :

Art. 12. — Toutes les questions ou controverses relatives à l'interprétation, à l'application et à l'exécution du présent traité, si elles ne peuvent être résolues amicalement, seront soumises à la décision d'un tribunal d'arbitres. Chacune des deux Hautes Parties contractantes nommera un arbitre, et ces deux arbitres nommeront le troisième. S'ils ne peuvent se mettre d'accord au sujet de cette élection, le tiers arbitre sera nommé par le gouvernement d'un Etat tiers, que désigneront les deux Hautes Parties contractantes.

Art. 13. — Les Hautes Parties contractantes, animées du désir d'éviter tout ce qui pourrait troubler leurs relations amicales, conviennent que leurs représentants diplomatiques n'interviendront pas officiellement, si ce n'est pour obtenir, s'il y a lieu, un arrangement amical pour les réclamations ou demandes de leurs particuliers relatives aux affaires qui sont de la compétence de la justice civile ou criminelle et qui sont déjà soumises aux tribunaux du pays, à moins qu'il ne s'agisse de déni de justice, de retard dans son administration contraire à l'usage ou à la loi, ou de défaut d'exécution d'une sentence qui a autorité de chose jugée, ou, enfin, dans les cas dans lesquels, après épuisement de tous recours légaux, il y a violation évidente des traités existant entre les deux Hautes Parties contractantes ou des règles du droit international, soit public, soit privé, reconnues généralement par les nations civilisées.

Mais nous arrivons à un instrument diplomatique des plus importants ; il s'agit du :

Traité d'arbitrage obligatoire signé à Mexico, le 29 janvier 1902, entre la République Argentine, la Bolivie, la République Dominicaine, le Guatémala, le Salvador, le Mexique, le Paraguay, le Pérou et l'Uruguay.

Secrétariat d'Etat des Affaires Étrangères
Section d'Amérique, d'Asie et d'Océanie,

Mexico, le 22 avril 1903,

M. le Président de la République a bien voulu me transmettre le décret suivant :

Porfirio Diaz, Président des Etats-Unis Mexicains, fait savoir à leurs habitants :

Que, le vingt-neuvième jour de l'an mil neuf cent deux a été conclu et signé dans cette capitale, par l'intermédiaire de Plénipotentiaires dûment autorisés, un Traité d'arbitrage obligatoire entre les Républiques Argentine, de Bolivie, Dominicaine, du Salvador, de Guatémala, du Mexique, du Paraguay, du Pérou et de l'Uruguay, dans la forme et de la teneur suivantes :

Les soussignés, Délégués à la deuxième Conférence internationale Américaine, par la République Argentine, la Bolivie, la République Dominicaine, le Guatémala, le Salvador, le Mexique, le Paraguay, le Pérou et l'Uruguay, réunis dans la ville de Mexico, et dûment autorisés par leurs Gouvernements respectifs, ont convenu des articles suivants :

ARTICLE PREMIER. — Les Hautes Parties contractantes s'obligent à soumettre à la décision d'arbitres toutes les controverses qui existent ou arriveront à exister entre elles et qui ne pourront être résolues par la voie diplomatique, pourvu que, au jugement exclusif d'une quelconque des nations intéressées, lesdites controverses n'affectent ni l'indépendance ni l'honneur national.

ART. 2. — Ni l'indépendance nationale, ni l'honneur national ne seront considérés comme compromis, dans les controverses sur les privilèges diplomatiques, les frontières, les droits de navigation, et la validité, l'interprétation et l'exécution des traités.

ART. 3. — En vertu de la faculté que reconnaît l'article 26 de la

Convention pour le Règlement pacifique des conflits internationaux, signés à La Haye le 29 juillet 1899, les Hautes Parties contractantes conviennent de soumettre à la décision de la Cour permanente d'arbitrage que ladite Convention a établie, toutes les controverses visées par le présent Traité, à moins qu'une quelconque des Parties ne préfère organiser une juridiction spéciale.

Au cas où les différends seraient soumis à la Cour permanente de La Haye, les Hautes parties contractantes acceptent les prescriptions de la Convention sus-mentionnée, tant en ce qui est relatif à l'organisation du Tribunal arbitral, que par rapport à la procédure à laquelle il aura à se soumettre.

Art. 4. — Toutes les fois que, pour un motif quelconque, devra être organisée une juridiction spéciale, soit parce qu'une quelconque des Parties l'aura demandé ainsi, soit parce que la Cour permanente d'arbitrage de La Haye ne pourra s'ouvrir pour elles, on établira, lors de la signature du compromis, la procédure qui devra être suivie. Le Tribunal déterminera la date et le lieu de ses séances, la langue dont il devra être fait usage et sera, dans tous les cas, investi de la faculté de résoudre toutes les questions relatives à sa propre juridiction, ainsi que celles qui se réfèrent à la procédure sur les points non prévus par le compromis.

Art. 5. — Si, lors de l'organisation de la juridiction spéciale, il n'y a pas accord entre les Hautes parties contractantes le Tribunal se composera de trois juges. Chaque Etat nommera un arbitre, et ceux-ci désigneront le troisième. S'ils ne peuvent se mettre d'accord sur cette désignation, elle sera faite par le chef d'un troisième Etat, qu'indiqueront les arbitres nommés par les Parties. S'ils ne peuvent se mettre d'accord sur cette dernière nomination, chacune des Parties désignera une Puissance différente et l'élection du tiers arbitre sera faite par les deux Puissances ainsi désignées.

Art. 6. — Les Hautes Parties contractantes stipulent, qu'en cas de dissentiment grave, ou de conflit entre deux ou plusieurs d'entre elles, qui rendra la guerre imminente, on aura recours, en tant que les circonstances le permettront, aux bons offices ou à la médiation d'une ou de plusieurs des Puissances amies.

Art. 7. — Indépendamment de ce recours, les Hautes Parties contractantes jugent utile qu'une ou plusieurs Puissances étrangères au conflit offrent spontanément, en tant que les circonstances s'y prêteront, leurs bons offices ou leur médiation aux Etats en conflit.

Le droit d'offrir les bons offices ou la médiation appartient aux Puissances étrangères au conflit, même durant le cours des hostilités.

L'exercice de ce droit ne pourra jamais être considéré, par l'une ou par l'autre des parties en lutte, comme un acte peu amical.

Art. 8. — L'office de médiateur consiste à concilier les prétentions opposées et à apaiser les ressentiments qui pourront s'être produits entre les Nations en conflit.

Art. 9. — Les fonctions du médiateur cessent, dès qu'il est constaté, soit par l'une des parties en litige soit par le médiateur lui-même, que les moyens de conciliation proposés par ce dernier ne sont pas acceptés.

Art. 10. — Les bons offices et la médiation, soit que les parties en conflit y aient recours, soit qu'ils résultent de l'initiative des Puissances étrangères au conflit, n'auront d'autre caractère que celui de conseil, et n'auront jamais force obligatoire.

Art. 11. — L'acceptation de la médiation ne peut, sauf convention contraire, produire l'effet d'interrompre, de retarder ou de gêner la mobilisation ou les autres mesures préparatoires à la guerre. Si la médiation a lieu les hostilités étant déjà ouvertes, le cours des opérations militaires, sauf convention contraire, n'en sera pas interrompu.

Art. 12. — Dans les cas de différends graves, qui menacent de compromettre la paix, et lorsque les Puissances intéressées ne peuvent se mettre d'accord pour désigner ou accepter comme médiatrice une Puissance amie, il est recommandé aux États en conflit l'élection d'une Puissance à laquelle ils confieront, respectivement, le soin d'entrer en relation directe avec la Puissance désignée par l'autre Nation intéressée, dans le but d'éviter la rupture des relations pacifiques.

Tant que durera ce mandat, dont le terme, sauf stipulation contraire, ne pourra excéder trente jours, les États en lutte cesseront toute relation directe au sujet du conflit, qui sera considéré comme déféré exclusivement aux Puissances médiatrices.

Si ces Puissances amies ne parviennent pas à proposer, d'un commun accord, une solution qui soit acceptable pour celles qui se trouvent en conflit, elles en désigneront une troisième, à laquelle sera confiée la médiation.

Cette troisième Puissance, en cas de rupture effective des relations pacifiques, aura en tout temps le devoir de profiter de toute occasion pour amener le rétablissement de la paix.

Art. 13. — Dans les controverses de caractère international provenant de différences d'appréciation de faits, les Républiques signataires jugent utile que les Parties qui n'auront pu se mettre d'accord par la voie diplomatique, instituent, autant que les circonstances le permettront, une Commission internationale d'investigation, chargée de faciliter la solution de ces litiges, en éclaircissant les questions de fait par un examen impartial et consciencieux.

Art. 14. — Les Commissions internationales d'investigation seront constituées par convention spéciale des parties en litige. La convention précisera les faits qui devront être matière de l'examen, ainsi que l'étendue des pouvoirs des Commissaires et réglera la procédure à laquelle ceux-ci devront se soumettre. L'investigation sera conduite, jusqu'au bout, contradictoirement; et la forme et les délais qui devront y être observés, seront déterminés par la Commission elle-même, si la convention ne les a pas fixés.

Art. 15. — Les Commissions internationales d'investigation seront constituées, sauf stipulation contraire, de la même manière que le Tribunal d'arbitrage.

Art. 16. — Les Puissances en litige ont l'obligation de fournir à la

Commission internationale d'investigation, dans la mesure la plus large qu'elles jugeront possible, les moyens et facilités nécessaires pour la connaissance complète et l'appréciation exacte des faits controversés.

Art. 17. — Les Commissions mentionnées se limiteront à vérifier l'exactitude des faits, sans émettre d'autres appréciations que celles d'un ordre purement technique.

Art. 18. – La Commission internationale d'investigation présentera aux Puissances qui l'auront constituée son avis, signé par tous les membres de la Commission. Cet avis, limité à l'investigation des faits, n'a absolument pas le caractère d'une sentence arbitrale, et les Parties en lutte conserveront liberté entière de lui attribuer la valeur qu'elles estimeront juste.

Art. 19. — La constitution de Commissions d'investigation pourra être comprise dans les compromis d'arbitrage comme procédure préalable, afin de fixer les faits qui auront à devenir la matière du jugement.

Art. 20. — Le présent Traité ne déroge pas à ceux existant antérieurement entre deux ou plusieurs des Parties contractantes, en tant qu'ils donnent une plus grande étendue à l'arbitrage obligatoire. Il ne modifie pas non plus les stipulations sur l'arbitrage relatives à des questions déterminées qui ont déjà surgi, ni le cours des jugements arbitraux qui se poursuivent en raison de ces dernières.

Art. 21. — Sans qu'il soit nécessaire d'échanger des ratifications, le présent Traité entrera en vigueur aussitôt que trois Etats au moins, d'entre ceux qui l'ont signé, feront connaître leur approbation au Gouvernement des Etats-Unis Mexicains qui en donnera communication aux autres Gouvernements.

Art. 22. — Les Nations qui n'ont pas signé le présent Traité pourront y adhérer en n'importe quel temps. Si l'une quelconque des signataires désire recouvrer sa liberté, elle dénoncera le Traité ; mais la dénonciation ne produira d'effet que par rapport à la seule Nation qui l'aura effectuée et seulement dans le délai d'une année après qu'elle aura formulé la dénonciation. Lorsque la Nation dénonçante, à l'expiration de l'année, trouvera pendantes des négociations d'arbitrage quelconques, la dénonciation ne produira pas ses effets par rapport à l'affaire non encore résolue.

DISPOSITIONS GÉNÉRALES.

I. — Le présent Traité sera ratifié aussi rapidement que possible.

II. — Les ratifications seront envoyées au Ministère des Affaires Etrangères du Mexique, où elles resteront déposées.

III. — Le Gouvernement Mexicain remettra copie certifiée de chacune d'elles aux autres Gouvernements contractants.

En foi de quoi ils ont signé le présent Traité et y ont apposé leurs sceaux respectifs.

Fait dans la Ville de Mexico, le vingt-neuvième jour de janvier de l'an mil neuf cent deux, en un exemplaire unique, qui restera déposé au Ministère des Affaires Etrangères des Etats-Unis Mexicains et dont copie certifiée sera remise par la voie diplomatique, aux Gouvernements contractants.

Pour la République Argentine :
(L. S.) *Signé :* ANTONIO BERMEJO,
LORENZO ANADON.

Pour la Bolivie :
(L. S.) *Signé :* FERNANDO E. GUACHALLA.

Pour la République Dominicaine :
(L. S.) *Signé :* FED. ENRIQUEZ I CARVAJAL.

Pour le Guatémala :
(L. S.) *Signé :* FRANCISCO ORLA.

Pour le Salvador :
(L. S.) *Signé :* FRANCISCO A. RAYES,
BALTASAR ESTUPINIAN.

Pour le Mexique :
(L. S.) *Signé :* G. RAIGOSA, JOACHIM D. CASASUS, PABLO MACEDO, E. PARDO (jr.), ALFREDO CHAVERO, JOSÉ LOPEZ PORTILLO Y ROJAS, F. L. DE LA BARRA, ROSENDO PINEDA, M. SANCHEZ MARMOL.

Pour le Paraguay :
(L. S.) *Signé :* CECILIO BAEZ.

Pour le Pérou :
(L. S.) *Signé :* MANUEL ALVAREZ CALDERON,
ALBERTO ELMORE.

Pour l'Uruguay :
(L. S.) *Signé :* JUAN CUESTAS.

Que le précédent Traité a été approuvé par la Chambre des Sénateurs des Etats-Unis Mexicains le vingt et un avril de la même année mil neuf cent deux, et ratifié par moi le dix-septième jour du mois actuel ;

Qu'il a été également ratifié par les Gouvernements : du Salvador, le 28 mai 1902 ; du Guatémala, le 25 août de la même année et de la République Orientale de l'Uruguay, le 31 janvier de l'année présente ; la notification correspondante ayant été faite, par la Chancellerie Mexicaine, aux autres Gouvernements signataires ;

Et que, l'article 21 du présent Traité est conçu comme suit :

Sans qu'il soit nécessaire d'échanger des ratifications, le présent Traité entrera en vigueur aussitôt que trois Etats au moins d'entre ceux qui l'ont signé, feront connaître leur approbation au Gouvernement des Etats-Unis Mexicains, qui en donnera communication aux autres Gouvernements.

En vertu de quoi j'ordonne qu'il soit imprimé, publié, mis en circulation et qu'il lui soit donné due exécution.

Palais National de Mexico, le vingt-deux avril mil neuf cent trois.

PORFIRIO DIAZ.

A. M. le licencié D. Ignacio Mariscal, Secrétaire d'Etat et du Département des Affaires Etrangères.

Et je vous le communique aux effets correspondants, en vous renouvelant ma considération empressée.

MARISCAL.

A. M.....

L'Amérique devait, quelques mois plus tard, fournir un autre exemple de traité d'arbitrage permanent. Il s'agissait, cette fois, du Chili et de la République Argentine, qui, divisés depuis longtemps par un certain nombre de différends, s'épuisaient en préparatifs militaires. Le Gouvernement chilien ne cessa de demander un arbitrage que la République Argentine accepta à son tour.

Le 28 mai 1902, les deux pays signèrent les conventions connues sous le nom de *Pactes* de mai, dont la principale est le *Traité général d'Arbitrage* et dont nous reproduisons, ci-dessous, les dispositions les plus importantes :

Les Gouvernements de la République Argentine et du Chili, animés du désir de résoudre par des moyens amicaux toute question pouvant se produire entre les deux pays ont résolu de signer un Traité général d'arbitrage, pour lequel ils ont constitué plénipotentiaires M. M... qui ont convenu des stipulations contenues dans les articles suivants :

ARTICLE PREMIER. — Les Hautes Parties contractantes s'obligent à soumettre au jugement arbitral tous les différends de quelque nature que ce soit qui, pour une cause quelconque, surgiraient entre elles, en tant qu'elles n'affectent pas les principes de la Constitution de l'un et de l'autre pays et toutes les fois qu'elles ne pourront être résolues au moyen de négociations directes.

ART. 13. — La sentence est sans appel et son exécution est confiée à l'honneur des Nations signataires de ce pacte.

ART. 15. — Le présent Traité restera en vigueur pendant dix années, à compter de l'échange des ratifications.

On sait quels furent les heureux effets de ce Traité : règlement de la question des frontières, tranchée par l'arbitrage du roi Edouard VII ; diminution des armements maritimes, etc.

Des efforts se font, en ce moment même, de divers côtés, pour arriver à la signature de nouvelles conventions de même nature.

Le mouvement qui a pour but la conclusion d'un traité d'Arbitrage permanent entre la France et l'Angleterre a été favorisé par les visites d'Edouard VII en France et de

M. Loubet en Angleterre. Concomitamment avec ce mouvement, qui est vivement secondé par les membres des Parlements des deux pays, faisant partie de la Conférence Interparlementaire, M. Barclay faisait de son côté une propagande active en faveur d'un traité dit d'*arbitrage et de conciliation* entre l'Angleterre et la France, traité qui a pour base les prescriptions du traité anglo-américain Olney-Pauncefote.

Enfin, des manifestations significatives viennent de se produire, à Londres, en faveur d'un traité d'arbitrage permanent à conclure entre les deux pays. Parmi les discours prononcés, il convient de relever le passage suivant du toast adressé, à Guildhall, par Sir Marius Samuel, Lord-Maire, au président Loubet :

Est-ce demander trop que d'espérer, comme résultat de nos félicitations mutuelles, que nos hommes d'Etat trouveront les moyens d'écarter pour toujours l'horrible possibilité d'un recours à une guerre entre deux peuples qui ont tant d'intérêts communs et dont les espérances et les aspirations sont identiques?

Qui peut évaluer la portée qu'aurait un tel exemple si nous pouvions arriver à ce but?

La France et l'Angleterre, en suivant ainsi les plus nobles enseignements de la civilisation, serviront la cause de l'humanité et travailleront à leur propre gloire ainsi qu'au bien-être du monde entier.

Une partie de la réponse du Président de la République vise spécialement le passage que nous venons de citer :

Je m'associe avec empressement aux vœux que vous formez pour l'entente cordiale entre deux peuples qui tiennent chacun une place nécessaire dans l'histoire de la civilisation. Le sentiment de leurs intérêts communs doit leur inspirer cet esprit de conciliation et d'entente qui servira ce que vous avez justement appelé « la cause de l'humanité ».

La présence à mes côtés du ministre des affaires étrangères de la République vous est un gage du prix que le gouvernement français tout entier attache à développer, entre nos deux pays, ces heureuses relations d'amitié.

Je lève mon verre en l'honneur du Lord Maire et de la corporation de la Cité.

En même temps un certain nombre de personnalités britanniques, parmi lesquelles M. W.-T. Stead, directeur de la *Review of Reviews,* deux membres du Parlement, plusieurs membres des Sociétés de paix et des Associations d'arbitrage international, un chanoine, des clergymen non conformistes, le propriétaire du *Daily News*, des représentants des ligues démocratiques, du parti-ouvrier, du parti radical, des Trades-Unions, de l'Eglise des quakers, faisaient tenir à M. Loubet et à M. Delcassé une adresse demandant la conclusion de traités d'arbitrage obligatoires.

Dans l'adresse à M. Delcassé, on remarque la phrase suivante :

Nous reconnaissons que votre dévouement à la France n'a jamais été inspiré par des animosités contre des nations étrangères et que vous n'avez pas pensé que ce fût servir l'honneur de votre pays que d'infliger des humiliations aux nations voisines.

Dans l'adresse à M. Loubet, les signataires souhaitent au président une chaleureuse bienvenue. Ils expriment le désir fervent qu'à partir de cette année les chefs d'Etat de la France et de la Grande-Bretagne renouvellent chaque année cette démonstration internationale consacrée à la consolidation de l'entente cordiale entre les deux pays, ajoutant :

Nous voulons tout spécialement vous exprimer, à vous personnellement, notre gratitude pour votre attachement inébranlable à la cause de la paix et de l'arbitrage. Nous vous remercions d'avoir énergiquement appuyé l'initiative de votre auguste allié à la conférence de La Haye. Nous sommes heureux de vous avoir vu toujours employer votre influence à apaiser les préjugés internationaux et à faire disparaître les causes de mésintelligence internationale. Nous vous saluons comme un des principaux pionniers du progrès de l'humanité, comme un homme dont la sagacité clairvoyante, la bonne humeur et le bon sens philosophique contribuent à ouvrir la voie à l'établissement des Etats-Unis d'Europe.

L'adresse de bienvenue présentée à M. Loubet, par l'*International Arbitration and Peace Association* était accompagnée d'un exemplaire du projet de traité d'arbitrage rédigé par M. G.-H. Perris.

D'autre part, un Comité de propagande en faveur du traité d'arbitrage permanent entre la France et l'Angleterre, présidé par M. Anatole Leroy-Beaulieu, adressait au ministre des affaires étrangères une lettre disant entre autres choses :

Paris, le 12 juillet 1903.

Dans les milieux commerciaux particulièrement on attache une importance croissante à la certitude du maintien des bonnes relations de la France avec l'Angleterre et à la création d'un mécanisme qui assurerait d'une façon réglée d'avance, la solution pacifique et honorable des conflits qui pourraient surgir entre les deux pays.

A l'heure actuelle, les Chambres de commerce françaises qui ont émis des vœux en faveur d'un traité d'arbitrage franco-anglais sont celles de Boulogne-sur-Mer, du Havre, de Clermont-Ferrand, de Bordeaux, de Dunkerque, de Marseille, de Calais, de Toulouse, de Besançon, de Beaune, de Cambrai, de Nîmes, de Cette, d'Angoulême, de Bayonne, de Roubaix, de Rouen, de Niort, de Valenciennes, de Belfort, de Châlons-sur-Marne, du Tréport, de Fougères, de Tourcoing, de Caen, de Cette, d'Aubenas, de Limoges, de Rochefort, de Mazamet, d'Auxerre, de Moulins, de Grenoble; de Bar-le-Duc, de Laval, de Bolbec, de Saumur, d'Alger, d'Oran et de Bougie, auxquelles il faut ajouter les Chambres de commerce françaises de Londres, de Sydney et de Milan, ainsi que les Conseils municipaux d'Hyères, de Menton, de Roubaix, du Havre, de Saint-Nazaire, de Rouen, de Lille, de Boulogne-sur-Mer, de Bordeaux, de Dunkerque, de Calais, de Nîmes, de Rochefort, de Niort, de Cette, de Cannes et de Grenoble. En Angleterre, soixante-seize Chambres de commerce ont également émis des vœux semblables, notamment celles de Londres, de Birmingham, de Bristol, de Cardiff, d'Edimbourg, de Glasgow, de Leeds, de Liverpool, de Manchester, de Newcastle, de Belfast, de Nottingham et Southampton. De plus, des associations diverses et un grand nombre de Trades-Unions représentant plusieurs centaines de mille membres, ont voté des résolutions analogues.

De très nombreuses personnalités, appartenant à différents milieux, se sont également prononcées en faveur d'un traité d'arbitrage ou de conciliation. Leur nombre s'accroît chaque jour. Plusieurs types de traités ont même été élaborés par des juristes des deux pays.

Le Comité, se renfermant strictement dans sa mission de propagande générale, ne préconise aucun de ces projets particulièrement. Il se borne à vous les adresser sous ce pli, à titre de documents, en vous signalant respectueusement l'accueil empressé qu'a reçu le principe même d'un traité d'arbitrage franco-anglais.

Le Comité estime que le gouvernement répondrait à un besoin réel en mettant à profit pour ouvrir les négociations, les circonstances actuelles, qui sont exceptionnellement favorables. Les visites réciproques des chefs des deux Etats laisseraient ainsi dans l'histoire une trace durable et à jamais bienfaisante.

Simultanément, le *Commercial Committee* de la Chambre des Communes invitait à Londres les membres du groupe parlementaire français de l'arbitrage international, pendant que le groupe britannique de l'Union interparlementaire votait, à l'unanimité, l'ordre du jour suivant :

Les membres du groupe britannique de l'union interparlementaire constatent avec la plus vive satisfaction que les propositions tendant à un traité d'arbitrage entre la Grande-Bretagne et la France ont pris une forme précise.

Lors de la réception des sénateurs et députés français à la Chambre des Communes, on put compter environ deux cents convives, comprenant les membres les plus en vue de tous les partis. Parmi eux, il faut citer le premier ministre M. Balfour, M. Gérald Balfour, M. Chamberlain, Lord Cranborne, Sir Henry Campbell Bannermann, Sir Charles Dike, M. Louis Sinclair et Sir William Houldsworth, qui présidait.

Deux toasts seulement ont été proposés : on a bu au Roi et au Président Loubet.

En portant la santé du Roi, Sir William Houldsworth a dit :

Nous ne pouvons avoir le moindre doute que Sa Majesté n'éprouve la sympathie la plus complète pour l'œuvre que nous nous efforçons d'inaugurer ce soir.

Le Roi a déjà donné des preuves de cette sympathie en organisant la visite de nos invités à Windsor. Si nous pouvons contribuer en quoi que ce soit à donner aux relations qui existent en ce moment entre la France et l'Angleterre une base plus large, des fondations plus durables, je suis convaincu que nous aurons l'approbation la plus chaleureuse et la plus gracieuse de S. M. le Roi.

Ce toast est accueilli avec le plus vif enthousiasme.

En proposant ensuite la santé du Président Loubet, le président du banquet a dit que le récent échange des visites de chef d'Etat à chef d'Etat avait révélé ou inspiré des sentiment généreux ou amicaux entre les deux nations. Puis il a ajouté :

En vous invitant à boire avec moi à la santé de M. Loubet, j'ai la certitude que vous le ferez, non pas par courtoisie pour moi dans la bonne humeur où nous sommes, mais avec l'intention de montrer, par cette adhésion, que nous sommes disposés à faire tout ce que nous pourrons pour sceller l'amitié entre nos deux patries.

Le président du banquet, en présentant M. d'Estournelles de Constant, a dit qu'il espérait qu'il serait possible d'établir un système d'action conciliatrice lorsque des questions déli-

cates et menaçantes surviendraient, questions qui pourraient
être conduites par cette action conciliatrice à une heureuse
solution, sans hostilité et sans amertume entre les deux pays.

M. d'Estournelles se demande si l'on peut accepter indéfi-
niment la perspective d'une ou de plusieurs grandes guerres
et il estime qu'il est bien permis, au nom même du patriotisme,
de chercher un remède à ce danger.

Il est impossible de créer d'inévitables causes de conflits sans prévoir en même temps les moyens de les résoudre.

Pourquoi les gouvernements fermeraient-ils les yeux à l'évidence ?
Cette organisation de l'arbitrage n'est-elle pas dans l'air ? N'avons-
nous pas vu déjà la progression des arbitrages augmenter sensible-
ment et celle des guerres diminuer depuis un quart de siècle ? Cette
organisation serait déjà un fait accompli, si, au lieu d'en rire, on
l'avait mise à l'étude comme nous le faisons aujourd'hui.

Nous nous bornons à ce qui est actuellement à notre portée : l'organisation, l'acclimatation de l'arbitrage. Nous travaillons à le faire
admettre dans les mœurs internationales comme une règle aussi générale que possible et non plus comme une exception.

M. Balfour, au milieu de très vifs applaudissements, propose un vote de remerciements à M. d'Estournelles de Constant.

La présence des députés français cause à leurs hôtes un
plaisir dont il est impossible de s'exagérer la portée. On doit
l'interpréter comme l'intention arrêtée des deux pays d'établir
sur des bases durables une organisation destinée à prévenir,
dans leurs causes mêmes, les froissements mesquins qui, tout
mesquins qu'ils soient, peuvent être cause d'événements tra-
giques ou avoir des conséquences regrettables.

M. d'Estournelles a adressé au ministre des affaires étrangères une lettre où il résume les résultats qu'il croit que les
deux pays, l'Angleterre et la France, pourraient obtenir, notamment la conclusion du traité d'arbitrage que le groupe
constitué à cet effet réclame depuis sa fondation, conformément à l'article 19 des actes de La Haye, de même qu'il a réclamé et obtenu la négociation de traités semblables avec la
Hollande, la Suède et la Norvège, de même qu'il en obtiendra
d'autres encore, sans doute, notamment avec l'Italie. Traité
raisonnable et analogue à ceux qui ont été négociés ou conclus entre l'Angleterre et les Etats-Unis, la République Ar-

gentine et l'Italie; avec cette différence, toutefois, que la Cour de La Haye étant aujourd'hui constituée, ledit traité en tiendra compte et fera cesser le boycottage qui pèse sur elle.

Quelle sera la forme du traité d'arbitrage permanent anglo-français, réclamé déjà énergiquement lors des incidents de Fachoda par les pacifistes français, dont MM. Frédéric Passy et Emile Arnaud s'étaient faits les porte-paroles, et en faveur de la conclusion duquel s'élèvent aujourd'hui tant de voix ?

Il nous paraît bon de reproduire ici, et à titre historique, et pour indiquer les conceptions les plus complètes et les plus récentes qu'on se fait à ce sujet, la formule due à M. Emile Arnaud.

Les Gouvernements de la Grande-Bretagne et de la République Française,

Agissant respectivement au nom des Etats qu'ils représentent,

Désireux de consolider les relations d'amitié qui existent entre les deux Etats, d'assurer à toutes les difficultés pouvant survenir entre ces Etats une solution pacifique, et de coopérer au maintien et à l'organisation de la paix générale,

Ont conclu la convention suivante :

ARTICLE PREMIER. — Les Etats contractants reconnaissent réciproquement leur pleine autonomie et indépendance.

ART. 2. — Les Etats contractants s'engagent à ne se livrer l'un vis-à-vis de l'autre, directement ou indirectement, à aucun acte de guerre.

ART. 3. — Les Hautes Parties contractantes co-signataires de *la Convention pour le règlement pacifique des conflits internationaux*, en date à La Haye, du 29 juillet 1899, conviennent de soumettre à l'arbitrage, dans les conditions et sous les réserves formulées aux présentes, toutes les questions litigieuses qui surgiront entre elles et qui ne pourront être réglées soit par la voie diplomatique, soit par toute autre voie amiable indiquée à la présente convention ou choisie, en temps opportun, d'un commun accord entre les Parties.

En l'absence de dispositions conventionnelles entre les Parties, dispositions qui devront toujours être respectées, les arbitres statueront conformément aux principes du droit international, tels qu'ils résultent des usages établis entre Nations civilisées, des lois de l'humanité et des exigences de la conscience publique.

Par compromis spécial à une affaire, les Parties pourront, si elles le jugent utile, donner aux arbitres les pouvoirs d'amiables compositeurs.

A défaut de conventions modificatives spéciales, les Hautes Parties contractantes ou les arbitres appliqueront les dispositions de la Convention du 29 juillet 1899 sus-énoncée.

Art. 4. — Seront soumis à la Cour permanente d'arbitrage de La Haye, composée et statuant comme il sera dit au présent article :

1° Les réclamations pécuniaires exclusives de tout litige territorial ;

2° Toutes questions d'interprétation des traités internationaux ;

3° Et tous différends exclusifs de tout litige territorial, ou ne constituant pas une question de principe considérée par l'une des Parties comme étant d'une importance grave pour ses intérêts nationaux.

Chaque Partie devra, aussitôt que possible et dans un délai qui n'excédera pas deux mois, à compter de la signature du compromis, ou de la notification par l'une des Parties de sa demande d'arbitrage, nommer deux arbitres dont un au moins choisi en dehors de ses ressortissants. Les quatre arbitres ainsi désignés choisiront ensemble un surarbitre. Dans le cas où les arbitres n'auraient pas, dans le délai de deux mois après leur désignation, choisi de surarbitre, celui-ci serait désigné par... ou par..., alternativement.

Si la sentence est rendue à une majorité au moins égale à quatre voix contre une, elle sera définitive ; sinon elle sera susceptible d'appel.

Art. 5. — Tout différend ayant le caractère de réclamation territoriale ou affectant des droits territoriaux, et toute question de principe considérée par l'une des Parties comme étant d'une importance grave pour ses intérêts nationaux sera, à la demande de l'une des Parties, soumis, préalablement à tout arbitrage, à une Commission de conciliation de six membres nommés, savoir : trois par S. M. le Roi de Grande-Bretagne, et trois par M. le Président de la République Française.

Cette Commission aura pour mission de rechercher une solution amiable du différend, de rédiger et de soumettre aux deux Gouvernements un projet de Convention comportant cette solution.

Si la constitution de la Commission de conciliation n'est pas réclamée, ou à défaut d'entente entre les Commissaires, ou encore à défaut d'acceptation par les Hautes Parties contractantes de la solution préconisée par la Commission, le différend dont il s'agit sera soumis à la Cour permanente d'arbitrage de La Haye, composée et statuant de la manière suivante :

Chaque Partie devra, dans les délais indiqués à l'article précédent, désigner trois arbitres, dont deux au moins choisis en dehors de ses ressortissants. Les six arbitres ainsi désignés choisissent ensemble un surarbitre. Dans le cas où les arbitres n'auraient pas, dans le délai de deux mois après leur désignation, choisi le surarbitre, celui-ci serait désigné par le Tribunal d'Honneur constitué comme il sera dit à l'article 6.

Si la sentence est rendue à une majorité au moins égale à six voix contre une, elle sera définitive ; sinon elle sera susceptible d'appel.

Art. 6. — Conformément à l'article 1er du présent traité, toute prétention de l'un des États contractants qui porterait atteinte à l'autonomie ou à l'indépendance de l'autre État, ne pourra être admise.

L'Etat qui, d'une manière quelconque, porterait atteinte à l'honneur de l'autre Partie contractante lui devrait réparation ; et dès maintenant chacun des signataires s'engage, sur son honneur personnel, pour le cas où il attenterait à l'honneur de son co-signataire, à donner à ce dernier la satisfaction qui lui serait due.

Les Hautes Parties contractantes reconnaissent que nul ne doit se faire justice lui-même et qu'un Etat peut n'être pas le meilleur juge de sa propre cause.

En conséquence, toute atteinte à l'honneur d'un Etat, ainsi que toute fin de non-recevoir basée sur une atteinte à l'autonomie ou à l'indépendance, sera jugée par un Tribunal d'Honneur des Nations. La décision sera sans appel.

Ce Tribunal sera composé des membres de la Cour permanente d'arbitrage, à raison d'un par Nation ayant procédé aux désignations prévues à l'article 23 de la Convention précitée, sans excepter les Nations litigantes. Le membre choisi dans chaque groupe national sera le plus anciennement désigné, ou le premier désigné, s'il est plusieurs membres d'ancienneté égale.

Toutefois, chacun des Etats en cause pourra, dans le mois de la notification qu'il adressera ou qui sera faite à son représentant auprès du Gouvernement des Pays-Bas, de l'exception ou de la fin de non-recevoir, récuser trois des personnes ainsi désignées ; les personnes récusées ne seront pas remplacées. Cette récusation ne pourra porter sur le membre de la Cour désigné par l'Etat adverse.

Art. 7. — L'appel devra être signifié dans le mois de la notification de la sentence ; à défaut de quoi celle-ci deviendra définitive.

En l'absence de stipulation spéciale du compromis, la Cour permanente d'arbitrage de La Haye, composée ainsi qu'il va être dit, siégera comme Cour d'appel. Elle devra comprendre, outre un Président et deux Vice-Présidents, un nombre d'arbitres double du nombre d'arbitres ayant statué en premier ressort, le surarbitre excepté.

Chaque Partie ne pourra désigner, comme membre de la Cour d'appel, qu'un seul de ses ressortissants.

Les membres de la Cour choisissent le Président et les deux Vice-Présidents. Les désignations auxquelles ils n'auraient pas procédé dans le délai de deux mois seraient faites par le Tribunal d'Honneur prévu à l'article 6.

Les sentences de la Cour sont rendues à la majorité.

Toutes autres règles et tous autres délais applicables au premier degré de juridiction sont applicables à l'appel.

Art. 8. — Si l'une des Parties ne procédait pas, dans les délais fixés, aux désignations laissées à son choix, ces désignations seraient faites par le Tribunal d'Honneur prévu à l'article 6.

Art. 9. — Les Parties donneront aux arbitres, par une clause spéciale du compromis, le pouvoir et les moyens de sanctionner leur sentence. Néanmoins, chacune des Parties devra observer et exécuter loyalement la sentence, de manière à ne pas rendre nécessaire, si possible, la sanction juridique.

Art. 10. — Le présent traité restera en vigueur pendant trente années à partir du jour où il sera devenu définitif par l'échange des ratifications. A défaut de dénonciation douze mois à l'avance par l'une des Hautes Parties contractantes, ce traité se trouvera renouvelé par tacite reconduction, pour une nouvelle période de trente années; et ainsi, par la suite.

Il suffit de lire les articles de ce projet pour se rendre compte de la pensée à laquelle l'auteur a obéi. M. Arnaud, évidemment, veut, d'une part, donner toute satisfaction aux gouvernements, au sujet de l'exception d'indépendance et d'autonomie ; en même temps, il revendique pour la Cour d'Arbitrage de La Haye l'exercice du rôle supérieur qui est la raison d'être même de son existence ; enfin, il propose, pour les questions d'honneur, un Tribunal d'Honneur qui fera, pour les États, ce qui se fait déjà pour les individus. Un tel projet n'a, d'ailleurs, rien de spécial à la France et à la Grande-Bretagne ; il peut être conclu, dans les mêmes termes, entre toutes autres nations. La Société allemande de la Paix l'a si bien compris, qu'elle en a fait adresser par son président, le docteur Adolf Richter, une traduction allemande au Chancelier de l'Empire, en lui demandant si un traité de cette nature ne pourrait être négocié entre l'Allemagne et la Russie.

M. Arnaud, dans son étude, discute l'opinion suivante, émise par quelques personnes et combattue déjà par M. Hodgson Pratt : Selon la Convention de La Haye, l'arbitrage ne serait applicable qu'aux seules « questions d'ordre juridique » et, spécialement, « aux questions d'interprétation ou d'application des conventions internationales »? Par suite, la justice arbitrale ne saurait-elle être appelée à résoudre « les grandes controverses qui sont la cause de toutes les guerres : par exemple, les revendications territoriales, les rivalités de prédominance entre les États, enfin tout ce que les États désignent comme touchant à leurs *intérêts vitaux*, à leur *honneur* et à leur *prestige*. Et pourtant, dit M. Hodgson Pratt, ce sont bien là des questions brûlantes qui poussent les Nations à accumuler armements sur armements et à se menacer tacitement les unes les autres. »

M. Arnaud n'admet point cette interprétation. Il suffit pour la combattre, dit-il, de lire les passages suivants de la Convention de La Haye :

Art. 15. — L'arbitrage international a pour objet le règlement de litiges entre les États par des juges de leur choix et sur la base du respect du droit.

Art. 17. — La Convention d'arbitrage est conclue pour des contestations déjà nées ou pour des contestations éventuelles. Elle peut concerner tout litige ou seulement les litiges d'une catégorie déterminée.

N'est-il pas évident que ces expressions si nettes prévoient l'application de la compétence de la Cour d'Arbitrage de La Haye à tous les litiges possibles ? Et cette pensée maîtresse de la Convention ne ressort-elle pas, encore une fois, des articles 20 et 21, qui disent que le but de la Cour est « de faciliter le recours immédiat à l'arbitrage pour les différends internationaux qui n'ont pu être réglés par la voie diplomatique » ; et que « la Cour permanente sera compétente pour tous les cas d'arbitrage, à moins qu'il n'y ait entente entre les Parties pour l'établissement d'une juridiction spéciale ».

Il est vrai que l'article 16 s'exprime ainsi :

Dans les questions d'ordre juridique, et en premier lieu dans les questions d'interprétation ou d'application des conventions internationales, l'arbitrage est reconnu par les Puissances signataires comme le moyen le plus efficace et en même temps le plus équitable de régler les litiges qui n'ont pas été résolus par les voies diplomatiques.

Mais cet article, écrit M. Arnaud[1], n'a aucune portée limitative contraire aux articles 17 et 20 ; il manifeste seulement la préférence, unanimement accordée par MM. les plénipotentiaires de La Haye, à l'arbitrage, sur les autres modes de de solution pacifique, quand il s'agit des différends qui sont spécifiés à cet article. Dire que, dans *telles* questions, *tel* système est *reconnu comme le plus efficace et le plus équitable*, ne peut signifier que ce système est *uniquement* et *exclusivement* propre à résoudre les questions dont il s'agit. Une telle phrase dit ce qu'elle dit, et pas autre chose : elle n'a aucune portée générale. »

1. Un *Traité d'Arbitrage permanent entre la France et l'Angleterre*, p. 10.

Pour en revenir à la formule éventuelle du traité d'arbitrage permanent franco-anglais, le projet de M. Arnaud nous paraît très logiquement conçu. Son adoption aboutirait, autant que possible, à supprimer, entre les deux pays, tout danger d'un conflit armé. L'auteur propose, en effet, une série de mesures ingénieuses, qui semblent pratiques et qui pourraient utilement répondre aux besoins de solution de tous les différends que l'état actuel des relations internationales permet d'envisager.

Il est difficile, d'ailleurs, de se dissimuler combien de progrès ont été, depuis peu, réalisés à cet égard. Les Conseils généraux français viennent, eux aussi, d'exprimer leur opinion sur la nécessité d'un traité d'arbitrage permanent entre la France et l'Angleterre.

Cinquante-huit Conseils généraux ont émis des vœux favorables. Ce sont ceux des départements suivants : Allier, Basses-Alpes, Hautes-Alpes, Ardèche, Ardennes, Aube, Aude, Aveyron, Calvados, Cantal, Charente, Charente-Inférieure, Cher, Corrèze, Côte-d'Or, Creuse, Dordogne, Doubs, Drôme, Eure, Haute-Garonne, Gers, Gironde, Hérault, Indre, Indre-et-Loire, Isère, Jura, Loir-et-Cher, Loire, Haute-Loire, Loiret, Lot, Lot-et-Garonne, Lozère, Marne, Mayenne, Nièvre, Nord, Oise, Pas-de-Calais, Hautes-Pyrénées, Rhône, Haute-Saône, Saône-et-Loire, Sarthe, Savoie, Seine-Inférieure, Seine-et-Marne, Seine-et-Oise, Tarn, Var, Vaucluse, Vendée, Vienne, Haute-Vienne, Vosges, Yonne.

Vingt-trois Conseils généraux n'ont pas été appelés à se prononcer, soit qu'ils n'aient pas été saisis en temps, soit pour ajournement.

Ceux de l'Aisne, de la Manche, de la Haute-Marne, de Meurthe-et-Moselle, Meurthe, Morbihan, Puy-de-Dôme, Haute-Savoie, Somme, n'ont émis aucun vœu, bien que régulièrement saisis.

Pour celui de la Loire-Inférieure, le président n'a pas cru devoir soumettre cette question à l'assemblée.

Cinq Conseils généraux n'ont pas eu à se prononcer par suite de l'ajournement de leur session.

Un seul Conseil général, celui des Deux-Sèvres, a, par 9 voix contre 9, rejeté le vœu proposé.

Enfin, la conférence de l'Union Interparlementaire, réunie

à Vienne, du 7 au 10 septembre 1903, a voté le texte du projet de résolution présenté par le groupe autrichien (rapporteur: le baron de Pirquet), et dont nous extrayons ce qui suit:

Considérant que, dans le courant du dix-neuvième siècle, un grand nombre d'Etats, en Europe et en Amérique, ont eu recours à l'arbitrage pour régler sans guerre des conflits sérieux, et se sont adressés, à cet effet, tantôt à des Puissances neutres, tantôt même à des Commissions ou à des particuliers, investis par eux du pouvoir de prononcer souverainement sur le litige ;

Considérant que, pour rendre plus habituel et plus certain ce mode de procéder, il a été proposé souvent de lier les Etats disposés à l'employer par des traités généraux et permanents d'arbitrage ; que des négociations ont été engagées dans ce but entre la Confédération helvétique et la République des Etats-Unis;

Considérant que les gouvernements de la Grande-Bretagne et des Etats-Unis ont conclu à Washington, le 11 janvier 1897, un traité d'arbitrage, et qu'il n'a manqué à ce traité, pour devenir définitif par l'approbation du Sénat américain, que deux voix, nécessaires pour lui assurer la majorité exceptionnelle des deux tiers ;

Considérant que le Royaume d'Italie et la République Argentine ont été plus loin en se liant, en 1898, d'une façon définitive, par un traité d'arbitrage, signé à Rome, le 23 juillet de ladite année ;

Considérant que l'Espagne a conclu, les 17 et 28 février 1902, des traités d'arbitrage, d'une part avec les Républiques du Mexique et du Guatemala, d'autre part avec la Bolivie, l'Argentine, la Colombie, le Paraguay, le Salvador, Saint-Domingue et l'Uruguay, traités dans lesquels les Parties contractantes se sont engagées à soumettre toutes les controverses qui pourraient surgir entre elles — dans le cas où la décision ne pourrait être remise à des juges — à la Cour permanente créée à La Haye en 1899, conformément au Chap. III du Titre IV des Conventions ;

La Conférence constate avec une vive satisfaction :

Qu'une Cour permanente d'Arbitrage international existe depuis quatre ans à La Haye.

Que divers Etats se sont engagés, dans le courant de l'année passée, à recourir à cette Cour,

Que cette Cour est entrée effectivement en fonctions, le 10 octobre 1902, en rendant un arrêt dans un différend entre les Républiques des Etats-Unis et du Mexique;

Et a l'honneur d'inviter tous les Etats qui ont signé à La Haye les Conventions du 29 juillet 1899,

A insérer dans tous les traités qui le comportent la clause arbitrale,

A conclure même entre eux des traités généraux d'arbitrage,

Et à s'adresser de préférence, en cas de litige, à la Cour permanente de La Haye.

Le Secrétaire Général de l'Union Interparlementaire pour l'Arbitrage international, M. le docteur Gobat, Conseiller national à Berne, est chargé de communiquer cette résolution à tous les Gouvernements des États qui ont signé les Conventions arrêtées à La Haye, le 29 juillet 1899, de même qu'à tous les Présidents des Groupes de l'Union Interparlementaire.

Il nous est impossible de terminer cette étude sur l'arbitrage international permanent, problème de l'actualité immédiate, sans consacrer quelques instants à la question des traités d'alliance pacigérante, qui seront peut-être l'actualité de demain.

On se rappelle qu'au moment où s'ouvrit la Conférence de La Haye, il n'était question, dans le grand public, que de désarmement ; c'est même le désarmement qui semblait être la préoccupation exclusive de cette Conférence, dont les travaux, cependant, aboutirent à des résultats plus immédiatement possibles.

Les agitateurs pacifiques ne se faisaient point d'illusion à l'égard du désarmement.

Au Congrès universel de la Paix, de Glasgow, M. Gaston Moch démontrait combien il était impossible de faire un moyen du désarmement, qui ne pouvait être qu'un résultat. Comme conclusion au rapport fait sur cette question par M. Arnaud, le Congrès adoptait la résolution suivante.

Le Xe Congrès universel de la Paix proteste avec énergie contre l'accusation d'anti-patriotisme qui est fréquemment adressée aux membres des Sociétés de la Paix. En s'efforçant d'éviter la guerre à leur propre pays, les *Pacifistes* travaillent mieux que quiconque à sa sécurité et à son progrès moral et matériel.

Le Congrès déclare qu'il considère le désarmement comme un résultat de l'organisation de la paix plutôt que comme un moyen d'arriver à la paix. Il est convaincu que l'application aux nations d'un système de justice, de nature à résoudre pacifiquement les conflits internationaux, conduira nécessairement et normalement à une réduction progressive et simultanée des armements qui pèsent sur toutes les Nations.

Le Congrès estime que l'existence et surtout l'usage de la Cour de La Haye, ainsi que la signature de traités d'arbitrage permanent destinés à rendre plus efficace la *Convention pour le règlement pacifique des conflits internationaux*, sont de nature à amener ce résultat.

Au Congrès universel de la Paix, tenu à Monaco en 1902, M. Henri La Fontaine, sénateur de Belgique, proposait au nom de la Commission dont il était rapporteur, le texte suivant, rédigé par M. Emile Arnaud, et qui avait pour but de compléter, conformément aux désirs de M. G. H. Perris et de l'*International Arbitration and Peace Association*, la résolution de Glasgow :

Le Congrès de la Paix, rappelant les résolutions prises à Glasgow relativement au droit international et au désarmement, estime, en outre, que tous les modes d'action morale, politique ou économique propres à arrêter la concurrence des armements et à les réduire d'une façon décisive, doivent être encouragés.

Le Congrès exprime l'espoir que les signataires de la Convention de La Haye mettront très prochainement à exécution le vœu formulé par les délégués d'une entente concernant la limitation des forces armées de terre et de mer et des budgets de guerre.

M. La Fontaine avait rappelé ce fait, signalé par l'*International Arbitration and Peace Association* : qu'entre les Etats-Unis et le Canada il avait été conclu un traité dont le but et l'effet furent de désarmer la flotte qui existait sur les grands lacs américains, entre le Canada et les Etats-Unis.

Il nous paraît que c'est là encore un argument en faveur de la thèse que le désarmement est un résultat de la paix : c'est après que la paix fut assurée entre les deux pays, qu'on put songer à désarmer la flotte des grands lacs. De même, tout récemment encore, c'est lorsque l'arbitrage d'Edouard VII eut rendu la paix certaine entre la République Argentine et le Chili, que ces deux pays purent songer au désarmement et signer les pactes réduisant leurs marines militaires.

Cette thèse fut défendue par MM. Emile Arnaud et Gaston Moch.

« Le seul moyen d'arriver à notre but, disait M. Arnaud, est d'organiser la solution par la voie juridique. Ce que nous avions voulu dire, dans notre résolution de Glasgow, c'est qu'il ne fallait pas espérer qu'un désarmement puisse s'opérer avant l'adoption, par les puissances, d'un mode pacifique et juridique de solution des différends internationaux. D'ailleurs, nous l'avons vu à la Conférence de La Haye : il y avait pour programme la réduction des charges militaires ; et, après deux mois d'études, l'on arriva à la conclusion suivante : *Il est hautement désirable que les gouvernements s'entendent.....*

« Substituons au désarmement la justice, et le désarmement se fera certainement, soit comme résultat de conventions très nettes, soit parce que les plus hardis, qui seraient en même temps les plus sages, commenceront immédiatement la réduction de leurs armements. »

Il résulte de tout ceia une pensée très claire.

Le désarmement est un but, non un moyen. Vouloir réaliser le désarmement aujourd'hui, c'est vouloir réaliser une utopie. Est-ce dire qu'il n'y a rien à faire? Nullement. Il y a, notamment, à créer une organisation qui corresponde, dans la pratique, à la conception théorique fournie par l'article 27 de la Convention de La Haye. Cet article, dû à MM. Léon Bourgeois et d'Estournelles de Constant, délégués français, est ainsi conçu :

Les Puissances signataires considèrent comme un devoir, dans le cas où un conflit aigu menacerait d'éclater entre deux ou plusieurs d'entre elles, de rappeler à celles-ci que la Cour permanente leur est ouverte. En conséquence, elles déclarent que le fait de rappeler aux Parties en conflit les dispositions de la présente Convention, et le conseil donné, dans l'intérêt supérieur de la paix, de s'adresser à la Cour permanente, ne peuvent être considérés que comme actes de bons offices.

L'intention de cet article est excellente. La mise en pratique pourrait susciter des difficultés, surtout si des nations faibles en prenaient l'initiative. M. Bajer, député danois, s'est préoccupé de trouver des moyens d'assurer l'application pour ainsi dire automatique de cet article 27. Il a conçu alors l'idée de faire conclure des traités d'alliance *pacigérante*, comme on a conclu, jusqu'à présent des traités d'alliance *belligérante*. M. Arnaud, a synthétisé les idées de M. Bajer, en une formule qui présentée par lui, au nom de la commission d'études, au Congrès de Monaco, reçut l'approbation générale. Voici cette formule dont les six premiers articles organisent, entre les Etats de l'*Union pacigérante*, l'arbitrage permanent et obligatoire; ceux qui suivent sont proprement consacrés à l'organisation de la *pacigérance* :

Projet-modèle d'un traité d'Alliance Pacigérante.

Entre:.....

Il est conclu, dans les termes suivants, un traité d'Alliance pacigérante :

ARTICLE PREMIER. — Les Etats contractants reconnaissent réciproquement leur pleine autonomie et indépendance.

ART. 2. — Les Etats contractants s'engagent respectivement à coopérer au maintien de la paix générale.

ART. 3. — Les Etats contractants s'engagent à soumettre à la Cour permanente d'arbitrage instituée par la Convention pour le règlement pacifique des conflits internationaux, signée à La Haye, le 29 juillet 1899, chacun des conflits ou différends qui pourraient naître entre eux et qui ne pourraient être réglés par les voies diplomatiques ou par toute autre voie choisie d'un commun accord, quels que puissent être la cause, la nature et l'objet de ces difficultés ; ils s'engagent, en conséquence, à ne se livrer, l'un vis-à-vis de l'autre, directement ou indirectement, à aucun acte de guerre.

ART. 4. — Les arbitres devront statuer conformément aux principes généraux du droit international ; ils devront appliquer toutes stipulations et toutes règles contenues dans des traités particuliers aux nations litigantes. En l'absence de toute convention modificative particulière aux nations litigantes, les arbitres devront se conformer aux règles tracées par la Convention de La Haye sus-énoncée.

ART. 5. — L'une des Parties peut réclamer, avant la signature du compromis, le droit à une juridiction d'appel. Cette demande faite, la sentence n'est rendue qu'en premier ressort.

L'appel doit être signifié dans le mois de la notification de la sentence, à défaut de quoi, celle-ci devient définitive.

A défaut de stipulations du compromis, la Cour d'Appel devra comprendre un nombre de membres double de nombre d'arbitres ayant statué en premier ressort, le surarbitre excepté.

Toutes les règles applicables au premier degré de juridiction sont applicables à l'appel.

ART. 6. — Les Parties donneront aux arbitres, par une clause spéciale du compromis, le pouvoir et les moyens de sanctionner leur sentence. Chacune des parties devra obtenir et exécuter loyalement la sentence, de manière à ne pas laisser, autant que possible, la sanction juridique intervenir.

ART. 7. — Chacun des Etats contractants aura, à tour de rôle, la présidence de l'Alliance pacigérante, et à ce titre sera chargé : 1° d'assurer l'action commune définie à l'article 9 ci-après, et ayant pour but l'accomplissement du devoir imposé par l'article 27 de la Convention de La Haye sus-énoncée ; 2° d'assurer l'application de l'article 10 de la présente Convention.

ART. 8. — Le 1er janvier de chaque année, la présidence est dévolue à celui des Etats alliés dont le nom suit, dans l'ordre alphabétique, le nom de l'Etat dont la présidence s'achève. Quand la série des Etats alliés est épuisée, on revient, pour la transmission de la présidence, à l'Etat de l'alliance dont le nom occupe le premier rang alphabétique. La première année, la présidence appartiendra à.....

Si un Etat, dont le tour de présidence se présente, se trouve en état de guerre, le tour passe à l'Etat suivant dans l'ordre alphabétique.

Art. 9. — Dans le cas où un conflit aigu menacerait d'éclater entre deux ou plusieurs puissances, les États alliés leur rappelleraient aussitôt, par un acte collectif, que la Cour permanente d'arbitrage leur est ouverte.

L'État chargé de la présidence aura, à cet effet, tous pouvoirs nécessaires ; son adhésion à l'Alliance constituera pour lui une obligation stricte de remplir cette mission, obligation dont aucune circonstance ne sera de nature à le décharger.

En outre, l'État-Président aura pour mission d'offrir aux États en conflit, selon qu'il avisera, soit les bons offices, soit la médiation de l'Alliance pacigérante.

Cette mission ne préjudiciera en rien aux droits de chacun des États alliés, d'offrir aux États en conflit ses bons offices ou sa médiation. De plus, l'action de l'Alliance ne dispensera pas chacun des États alliés du devoir d'employer tous les moyens en son pouvoir, pour assurer la solution pacifique ou juridique du conflit.

Art. 10. — Dans le cas où l'un des États contractants, requis par un autre État signataire de recourir à l'arbitrage pour la solution d'un conflit, refuserait de discuter ou de signer le compromis, ou refuserait ensuite de désigner les arbitres, l'État-Président agirait en ses lieu et place, deux mois après une mise en demeure qui serait notifiée par l'État-Président à l'État mis en cause, et qui serait restée sans effet.

Si ce refus émanait de l'État-Président lui-même, ou si celui-ci ne remplissait pas la mission à lui confiée par les présentes, il serait déchu de plein droit de la présidence deux mois après qu'il aurait reçu notification de la demande, et l'État appelé à la présidence agirait en ses lieu et place.

Si, dans le cas prévu au présent article, l'État défaillant succombait et refusait l'exécution de la sentence devenue définitive, tous les États contractants auraient le devoir d'aider l'État-Président à fournir aux arbitres les moyens de sanctionner leur sentence.

L'État défaillant aura le droit de former opposition à la sentence dans les deux mois de la notification qui lui sera faite de celle-ci. Il devra, dans l'acte même d'opposition et sous peine de nullité, signifier ses dires modificatifs du compromis primitif, et faire connaître le nom des arbitres choisis par lui. Dès lors, l'affaire sera jugée contradictoirement en la forme ordinaire.

Art. 11. — S'il arrivait qu'une des Hautes Parties contractantes dénonçât le présent traité, cette dénonciation ne produirait ses effets qu'un an après la notification aux autres États contractants, et seulement au regard de la Puissance qui l'aurait notifiée.

Tel est, dans ses lignes générales, ce projet de traité que, par exemple, les États de l'Amérique latine et les pays scandinaves pourraient signer immédiatement. Le premier Congrès national des Sociétés françaises de la Paix, réuni à Toulouse en octobre 1902, sous la présidence de M. Mérignhac, a approuvé l'idée et le projet destinés à remplir la lacune que présente actuellement l'article 27 de la Convention de La Haye.

De plus, la réunion de la Conférence interparlementaire, qui a eu lieu dans la capitale de l'Autriche, le 7 septembre 1903, a voté la résolution suivante :

Considérant que l'article 27 de la *Convention pour le règlement pacifique des conflits internationaux*, votée par la Conférence de La Haye de 1899, impose aux Puissances signataires le *devoir*, dans le cas où un conflit aigu menacerait d'éclater entre deux ou plusieurs d'entre elles, de rappeler à celles-ci que la Cour permanente leur est ouverte ;

Et considérant que l'accomplissement de ce devoir sera efficacement facilité si l'appel à l'arbitrage est fait par une alliance de Puissances, puisque l'autorité en serait augmentée et la responsabilité diminuée, à mesure que s'accroîtrait le nombre des Puissances alliées dans ce but ;

La Conférence interparlementaire exprime le désir que les Puissances qui ont signé ou qui signeront ladite Convention de La Haye s'organisent, tout en reconnaissant réciproquement leur pleine autonomie et indépendance, de telle sorte qu'elles puissent en commun, et de la manière la plus pratique, remplir l'obligation imposée par ledit article 27 ;

La présente résolution sera transmise, par le Secrétariat général de l'Union interparlementaire, à tous les gouvernements, et les groupes interparlementaires pourvoiront, de la manière qu'ils jugeront utile, à ce que leurs gouvernements se prononcent sur le principe de cette résolution et sur l'attitude qu'ils prendront à cet égard.

La conséquence de ce vote sera le dépôt, à peu près simultané, aux divers parlements représentés à la Conférence, de propositions tendant à l'étude et à l'adoption d'un projet de traité d'alliance *pacigérante*, de la nature de celui dont nous avons reproduit les dispositions.

Il sera très intéressant de suivre les phases futures de cette propagande, qui a pour but de compléter l'œuvre de La Haye, et d'ajouter, au mécanisme de la justice internationale, un rouage utile à tous, mais avantageux surtout pour les petits États, mis désormais à l'abri de la convoitise des nations puissantes.

B. SAX.

PARIS. — IMPRIMERIES CERF
12, rue Sainte-Anne, 12